読んだら誰でも勉強したくなる奇跡の物語

勉強が一番、簡単でした

チャン・スンス 著

吉川南 訳

ダイヤモンド社

誰かができることなら、

あなたにも必ずできる

2

なぜ、劣等生だった私が ソウル大学にトップで合格できたのか？

3

限界を味わうたびに私は成長した

4

ソウル大式学習攻略法

＊本文中の（）は原注を、〔〕は訳注を表しています

＊第4章では、日本の読者にとっての読みやすさを考慮し、「韓国語」を「日本語」、「英韓辞典」を「英和辞典」などと置き換えています

プロローグ

<u>生まれて初めて１番になってわかったこと</u>

　私は生まれて初めて１番になった。ソウル大学に首席で合格したのだ。

　誰だって学校で学級委員長をやったり、１番を取ったりしたことくらいはあるだろう——そう思うかもしれないが、小・中・高校の12年間を通じて、私は一度も学級委員長や１番になったことがなかった。そんな私が勉強を始めてから５年、その間に入試に３回失敗し、４回目の挑戦で、ついに合格通知を手にしたのだ。

　でも、首席合格など、私にはこれといって意味がない。首席合格者だからといって、人より早く卒業できるわけでもないし、１番で入学しても１番で卒業できる保証はない。しかし、合格後に聞こえてくる周囲の評価や声に、私は当惑した。

「入るだけでも難しいソウル大に首席で入学するなんて、もう将来が約束されたようなものだ」
「これからは国のために大いに役立ってくれ」

　そんなふうに声をかけられるたび、私は何と答えていいかわからず、戸惑うばかりだった。やっと大学１年生になったばかりの私に、「出世」などという言葉はとても似合わない。

また、ソウル大に首席合格したといっても、国のために将来何をするかなど、そのときになってみなければわからないではないか。

　一部の人からは、日雇い労働者から最高の権力者予備軍へと駆け上った「男性版シンデレラ」に例えられた。さらには「韓国のトップ企業から億単位の契約金でスカウトされたそうだが、本当か」と尋ねられもした。もちろん、根も葉もない噂だ。このような反応を見るたび、自分が望むと望まざるとにかかわらず、私という人間の行動が人々に与える意味について考えるようになった。

　私は本当に試験に合格しただけで、大成功したと言えるのか？
　私は貧困と飢えに打ち勝って、ついに黄金のトロフィーを手に入れたハングリーなボクサーなのか？

　どちらも違う。あれほど望んでいたソウル大の学生になったものの、それを抜きにすれば、私に変わったことは何もない。私がソウル大を目指したのは、「最高の栄誉」のためでもないし、ドラマで見るような「野望」のためでもなかった。**私はただ、自分に与えられた限界を認めたくはなかっただけだ。**

何の取り柄もない私が手に入れた潜在力

　高校を卒業した頃、我が身を振り返ってみて自分に何の取り柄もないことに気がついた。惨めだった。このままでは、自分の将

来はきっと取るに足りないものになるに違いない。

　しかし、**誰でも自分が望む人生を生きたいと思っている**はずだ。生まれつき太っているからといって、バレリーナになることを夢見てはいけないなどと、どうして言えるのか。一流のバレリーナになろうがなるまいが、**自分の望みを追い求める権利は誰にでもある。**

　私は意地になった。自分の人生を制約している条件を、拒否することにしたのだ。この５年間は、こうしたことと闘う時間だった。最大の障害は、まさに私自身の限界、私が持って生まれた悪条件だった。つまり、**私が越えるべき一番高い山は「私自身」だったのだ。**

　私は「特別に強い人間」ではない。ただ、やりたいことがあり、それに没頭しただけだ。自分の限界にぶつかって傷つき、何度も挫折したが、それで終わりだとは思わなかった。再び起き上がるたびに、少しずつ打たれ強くなった。

　最初のうちは何ひとつ取り柄のない自分が嫌だったが、次第に自分自身に内在する「潜在力」を確認し、自分への信頼や愛情を取り戻すことができた。そして、こうした情熱や可能性は、私だけでなく、すべての一般の人たちにも潜んでいる偉大なエネルギーだということに気づかされた。

　本書を読む人々が、自分たちの人生に潜んでいる可能性を発見できたら幸いだ。**誰にでも、自分が望む人生を生きる権利がある。**

私たちには自分自身を、

運命を、

限界を変える力があるのだ。

1

勉強が一番、簡単でした

4浪生の1日は バスのなかの読書から始まる

　午前7時、起床。25歳になっても母親に起こしてもらわない と起きられないのは、中高生のときのままだ。朝食を抜くことは あっても、朝は必ず頭を洗う。それが癖になっているせいか、髪 がサッパリしていないと頭もスッキリせず、勉強に集中できない からだ。髪が乾かないうちに、慌ててバス停に走る。こうして私 の1日が始まる。

　予備校までバスで30〜40分。バスのなかでは暗算で数学の問 題を解いたり、英単語を覚えたりしている。また、読書も主にバ スのなかだ。本試験に「文学作品の理解と鑑賞」という科目があ るため、市立図書館で短編小説集と詩集を借りて読んでいた。

　バスを降りて予備校までは、歩いて10分ほどだ。この時間も 惜しいので、バスのなかで解けなかった問題の続きを考え、そう でなければ全力疾走した。「遅刻大将」とあだ名がつくほど遅刻 が多かったせいもあるが、運動不足解消のためでもあった。

　午前8時、予備校に到着。それから9時までは放送授業の時間 だ。だが、私は放送授業を聞かずに自習することにしていた。放 送授業はすべて知っている内容で、聞くのは無駄だったからだ。

ところが教室のスピーカーは大音量で、音波の振動が皮膚に伝わるほどだった。この騒音のなかで集中して自習するのは簡単ではないが、ぼんやりはしていられない。頑張ったおかげで、集中力は確実に鍛えられた。世の中のすべては、陰があれば光もあるものだ。

勉強は机に向かってするだけではない

　9時から12時50分までは、午前の授業時間。10分間の休憩は、教室で座ったまま勉強するときもあれば、外に出てタバコを吸いながら勉強するときもあった。私はヘビースモーカーだったので、予備校や図書館で何時間もじっと座って勉強することができず、1、2時間勉強すると、タバコを一服しに外に出なければならなかったのだ。

　「タバコを吸いながら勉強する」と言うと、不思議に思うかもしれない。実際、私はバスのなかだけでなく、タバコを吸いながらもたくさん勉強した。

　勉強というのは、必ずしも机に向かってするものではない。いつ、どこにいようが、頭のなかで数学の問題を解き、物理の法則について考えていれば、それがすなわち勉強なのだ。

　タバコを吸うときもそうだ。友達とおしゃべりもせず、遠くの山を見ながら教室で習ったことを考え続けるのだ。教室にじっと座っているより、場所を移せばひとつの方向にばかり向いていた思考の流れが別の方向へと切り替わり、解けなかった問題や理解

できなかった箇所も、不思議と解決できたりする。

　他の受験生たちは、勉強に疲れて休みたくなったら、近くの席の友達とおしゃべりしたりふざけあったりするので、せっかく落ち着いていた気持ちがまた浮ついてしまう。だが、私は休みたいときはひとりで外に出て、タバコを一服して戻るだけだ。時間もかからず、気が散ることもない。

　私は予備校に通い始めたときから、勉強の途中でひとり外に出て考えるのが好きだった。この時間は私にとってこの上なく貴重に感じられた。

　ところが、誰とも話をしない私の姿が孤独で哀れに見えたのか、たまに同じクラスの人懐っこくて気さくな学生たちが、ひとりタバコを吸う私にそっと近づき、あれこれ話しかけてきた。彼らとしては、親切心だったのだろうが、わからなかった問題がやっと解けそうで夢中で考えているのに話しかけられ、イライラすることもあった。

　そういえば高3のとき、カッコつけて勉強のまね事をしていた頃、休み時間のたびに友達にドイツ語を教えてもらっていたのだが、そのうち彼は面倒になったのか、「テストのときに全部見せてやるからもう質問するな」と言った。やっと彼の気持ちがわかった気がした。

勉強を始めたら、みんなと話をしない

　昼食をとってタバコを吸うと、また席に戻って勉強をする。夕

方になると、学生の多くは弁当ではなく外の食堂に出かけるのだが、そうすると金もかかるし、友達と外で夕食をとってくると弁当を食べるよりずっと時間がかかる。だから私は、毎日弁当を2つ持っていって昼食と夕食はさっさと済ませ、また座って勉強をした。

とはいえ、私は予備校の仲間と完全に壁をつくっていたわけではない。私も人間だ。朝は予備校に行くと、顔を合わせる友達一人ひとりに「おはよう」とあいさつし、休み時間にはみんなと冗談を交わした。年齢が一番上で勉強もしっかりやる私は、みんなから「ボス」と呼ばれ、兄貴扱いされていた。

だが、**いったん勉強を始めたら、まるで人嫌いになったように口を閉ざした。**勉強に集中しているときは、精神が教科書にのめり込んでいる状態だ。

誰かと話をすると気持ちが外に向いてしまうため、元の集中状態になるまで時間がかかる。それにいったん話を始めるとなかなか終わらず、人間関係にも気を使うため、さらに時間と集中力を無駄にすることになるのだ。

浪人生のほとんどは遊び盛りで、恋愛にも関心のある年頃だ。彼らの話題はつまらない雑談か、勉強がつらいという愚痴か、あるいはどこかに遊びに行こうという話ばかりだ。そんな話なら、むしろしないに越したことはない。そのほうが、少しでも浪人生活が楽になるだろう。

夜間自習の時間には、浪人生たちの孤独と若い情熱が発する臭いが教室に充満しているようだった。その臭いと蛍光灯の白い光

を、私は永遠に忘れることはできないだろう。私は多くの予備校生たちのひとりとして教室に座っていたが、私の心は活字と知識に満ちた無限の宇宙を、ひとり無我夢中でさまよっていた。

だが、**私には人生を丸ごと賭けた望み、涙が出るほど切実で、喉が焼け付きそうな望みがあった。**

午後10時。夜間自習を終えて帰路に就く。ネオンサインが灯る夜の道を歩きながら、ひとりつぶやく。

「これだけ勉強したんだから、今日も完璧な一日だった！」

知識が2倍になると、
暮らしは3倍楽しくなる

　ゴルフ場の工事をしていたときのこと。芝生のスプリンクラー
に水を送る塩ビパイプのどこかが破裂して、水が地中に漏れ出し
たことがある。パイプが壊れたのは間違いないが、問題は広い芝
生の下に埋もれたパイプのどこに穴が空いたのかわからない点だ
った。ここだと思う場所を半日ほど掘り返してみたが、いずれも
骨折り損だった。

　そのとき、年配のおじさんが妙案を出した。昔、井戸を掘ると
きや、山中で地下水を探すために使った方法を試してみようと言
うのだ。

　そして近くにあった松の木の枝を2本折り、取ってきた。箸の
長さほどの枝の先端から3〜4cmほどの場所を直角に折り曲げ
て、その曲げた部分をそれぞれ軽く握る。左右の拳をくっつける
と、前方に並んで突き出た2本の枝がゆらゆらと揺れる。手を揺
らさないよう、そろそろと芝生の上をあちこち歩き回っているう
ちに、ある場所に来ると2本の枝がひとりでに交差する。その下
が水のある場所だから、そこを掘ってみろと言うのだった。

　そのおじさんがやることを見て、私はそれがどんな原理による

ものなのか考えてみた。5㎝ほどの間隔を空けて前方に向けられた2本の枝には、下方に引っ張られる重力が作用している。

また枝と枝の間にも万有引力の法則により、ごくわずかだが相互に引き合う引力が作用している。物体が運動しないのは力が作用していないことを意味するのだが、にもかかわらず、この2本の枝が動かないでいるのは、相互に直角方向に作用する重力と引力が均衡しているからに違いない。

これは公転する地球に作用する遠心力と、地球と太陽の間に作用する引力とが均衡し、地球が太陽と一定の距離を保っているのと同じ理屈だ。

ところで、地球上のあらゆる地点の重力が一定なわけではない。海抜と地下の物質の状態によって、各地点の重力は変化する。こうした地下の物質の密度の違いから生じる重力の異常を利用して、実際に油田探査などが行なわれている。

地下に水が集まっている場所は、水と周囲の物質との密度の差によって、周辺地域とは重力に変化が生じる。そのため力の均衡が崩れ、2本の枝は相互の引力によって互いに引き寄せ合い、その結果として2本の枝が交差するのではないか。

このように私は、自分なりに地球科学と物理で学んだ知識を応用して、その不思議な水探しの方法の原理を解いてみた。しかし、この仮説が正しければ、この方法で水を探すには少なくとも地中に水がある程度たまっていなくてはならない。単に少し地面に染みている程度では、重力に変化をもたらすことはできないからだ。だから、そのおじさんの方法では、地中のパイプの破損箇所を探

すことは難しいだろう。そのためだろうか、おじさんが指示した場所を何度か掘り返してみたが、試みは失敗に終わってしまった。

受験勉強ではまる落とし穴

　受験勉強をしていてはまりやすい落とし穴は、**「テストが終わったら忘れてもいいようなくだらない知識を、なぜ詰め込まなくてはならないのか」**という疑問だ。

　だが、少なくとも私が知る限り、教科書で扱う内容のほとんどは生きていく上で有益な知識だ。日常生活のなかで出くわす疑問や、知らずに見過ごしてきた物事、ミステリー現象と言われるものも、こうした知識を土台に改めて考え、究明しようと試みることが可能だ。

　私は物理の勉強をするときも、造園の仕事での経験を思い出して、ひとり面白がっていた。山から採取してきた木を一時的に植えておく仮植場には、きまって「立ち小便をするべからず。現場所長」と書かれた札が貼られていた。何となく、木に小便をかければ肥やしになっていいように思うが、実際は逆に木が枯れてしまう。

　なぜだろうか。工事現場のおじさんたちに聞いても、経験からその事実を知っているだけで、その理由までは考えたことがないようだった。

　私はそれを自分なりに分析してみた。植え替えたばかりの木には、ひげ根がないため、水分が少しでも足りないとすぐに枯れて

しまう。地面に植えた木の根には土がかぶさっているが、通常は根の中の水分濃度は地中の水分濃度より高い。

　ところが、急に地中に小便が染み込んでくると、根の中の濃度より地中の濃度のほうが高まる。そして濃度のバランスが崩れると、それを回復しようとする浸透圧の原理によって、根の中の水分が地中に抜け出してしまう。だから木が枯れてしまうのではないだろうか。

　もちろん、このような説明が科学的に正しいかどうかまで検証していないが、少なくともこうやって知識を活用すれば、「浸透圧」「溶媒」「溶質」といった用語の意味を身につけることができるのだ。

人一倍早く成績を上げるには

　ある日のこと、新聞を読んでいたら、社会面の片隅に高校生の自殺に関する記事が出ていた。その高校生は成績を苦にして、10階建てマンションの屋上から身を投げたという。その記事を目にした瞬間、ふと物理の時間に習った公式を思い出してしまった。

　10階建てのマンションだと、1階あたりの高さが3mとして30mになる。高校生の体重を50kgと仮定したとき、その子が落ちて地面に衝突した瞬間、どれはどのエネルギーが発生するだろうか。また、そのエネルギーを熱エネルギーに変換したら、水の温度を何度上昇させることができるだろうか。

　すると私の頭のなかには、力＝質量×加速度（F=ma）、仕事＝

力×移動距離（W=FS）といった物理の公式とともに、1カロリーの熱量は4.2ジュールの仕事に該当するという、熱と仕事の関係などが機械的に連想された。

しばらく、そんな計算に没頭していた私は、ハッと我に返った。「しまった！　私はいったい何をやっているんだ」

いくら勉強に必死だとはいえ、若い命が消えた悲劇的な事件を前に、こんなことを考えていていいのか、と思ったのだ。

ともかく、こういったさまざまな経験から、私は英語や数学はもちろん、高校の教科書で学ぶ多くの知識が、実生活で役立つという事実を知った。

高校の勉強をしっかりやった人なら、最先端の用語を除き、新聞に出てくる経済や科学の関連記事を理解することは難しくないだろう。

だが、現実はどうだろうか。多くの人が高校で必死で覚えたはずの数学の公式や科学の原理を、すっかり忘れてしまっている。それは「生きた勉強」をしなかったせいだ。

私が人一倍早いスピードで成績を上げることができたのも、教科書で学んだ知識を実生活で応用し、いつでも使えるようにしたからだ。

勉強を暮らしのなかで生かすことで、勉強の能率はいっそう向上し、生活もずっと生き生きしたものになるだろう。

勉強は道具を使わず、頭のなかでやる

　爽やかな初秋の朝。吸い込まれるような青い空を見上げながら、私は予備校の門をくぐった。その日は少し遅刻して、すでに放送授業が始まっていたので、自分のクラスの教室には入れなかった。そこで1階にある遅刻者のための自習用教室に向かった。

　教室の前方の窓際の席に座る。大きく開かれた窓から、空がよく見えたからだ。空の青さが目に染みたせいか、鉛筆を持つ気にならなかった。

　よし、少し時間がかかってもいいから、暗算で数学の問題を解いてみよう。そう考えて、数学の参考書を机の上に広げ、ほおづえをついて青い空を見上げながら、頭のなかで数学の問題を解いていった。

　しばらくそうしていると、誰かの手が私の机をポンと叩いた。「おい、お前、何してるんだ？」。ハッとして顔を上げると、学生課長の先生があきれ顔で私を見つめている。

　私はボンヤリと先生のほうを見て、ほおづえをついていたほうの手で机の上の参考書を指差した。瞬間、黙って首をかしげていた先生は、しばらくしてから私の顔を見ると、「頭がいい奴だな」

と一言つぶやいて去って行った。

　私はかなり小柄なほうなので、いまの学生の体格に合わせてつくられた机と椅子では大きすぎて、椅子の背もたれに背中をつけて座ると足が床から浮いてしまう。他の人たちには楽な姿勢が、私には非常に座りづらいものになってしまうのだ。

　だから私は机に向かうと、自然と姿勢がうつむきがちになる。はたから見たら、勉強が嫌いでいやいや机に向かっているように見えるだろう。さらに鉛筆やノートも出さないまま座っていたから、先生が誤解するのも無理はない。

ノートと鉛筆は使わない

　このように私の勉強スタイルは、人とちょっと違っている。手をほとんど動かさないのだ。他の人は暗記したり理解を助けるために、ノートにメモをしたりするものだが、私は何も書かない。数学の問題も暗算で解くことが多く、それ以外の科目はノートと鉛筆をほとんど使わない。

　参考書を読むときも、本を両手で持って30cm以上離して立て、本に戦いでも挑むように活字をにらみ付ける。

　英単語や歴史の年代を暗記するときも、ノートに書かない。地学で習う複雑な天球図や惑星の軌道も、手で図を描いたりするより、黙って座ったまま頭のなかに図を描いて理解するように努める。

　こんなことを言うと、「お前は頭がいいから書かないでもでき

るんだろう」と思われるかもしれない。だが、私が鉛筆を使わずに勉強するようになったのは、文字を目で追いながら手を動かすという2つのことを同時にできないからだ。

　書くことに神経を使っていると気持ちがそこに奪われ、自分が何を勉強しているのか忘れてしまう。だから、**ひたすら読むことに集中するために書くのをやめた**わけだ。

頭だけで勉強することの利点

　このように頭のなかで何度もつぶやいて何かを覚えるのは、一般的には効率が落ちるような気がするが、少し慣れれば書いて覚えるのと効率的に大差ない。

　つまり、慣れの問題なのだ。さらに**頭のなかだけで暗記するのを習慣づけると、スピード的にかなり有利になる**。いくら鉛筆を早く動かしても、頭で考えるよりも早くはならないからだ。

　頭だけで勉強することの利点はさらにいくつかあるが、そのひとつは、**もっと勉強に集中できる**という点だ。教科書を読んでいて気が散るのは、意識に一瞬の隙ができるせいだが、単語をひとつ覚えるにも、ずっと頭のなかで単語をつぶやいていれば気が散る暇はなくなる。

　また、3次元の図形や空間的現象をノートの2次元的平面に描くのは簡単ではない。頑張って図を描いて理解しようとするより、3次元、さらには4次元空間まで想像できる頭脳を使って、そのなかに図を描くようにすれば、むしろ理解が容易だったりする。

そうすることによって脳が刺激され、空間を想像する能力も向上するのは言うまでもない。そして忘れてはならないことは、これがかなり頭の訓練になるという点だ。

脳を使えば頭がよくなる

　頭は使えば使うほどよくなる。逆に、使わなければそれだけ固くなるものだ。これは自分の経験からもすぐにわかるだろう。

　いつかテレビを見ていたら、80歳を超える老詩人が健康の秘訣を語っていた。その詩人は朝起きると、まず朝鮮半島の山を白頭山〔中朝国境に位置する朝鮮半島の最高峰〕に始まり高い順に数百個も唱えるのだという。いまも旺盛な創作活動が可能なのは、こうした頭の訓練のたまものだろう。

　世界的な物理学者スティーヴン・ホーキング博士は、解を書くのに大学ノート1冊分が必要な数学の問題を暗算で難なく解いたという。一般人にはとても想像できないことだ。もちろん、並外れた知能を持って生まれた博士だからこそ可能なことだと見ることもできるだろう。

　だが、私はそうは思わない。若い頃にボートの選手だったホーキング博士は、難病のALS（筋萎縮性側索硬化症）にかかって、四肢をピクリとも動かせないばかりか、自分の口から流れ出る唾をのみ込むこともできない状態になったという。その結果、彼は体のうちで脳しか使えなくなり、人よりたくさん脳を使ったために頭がよくなったのだろうというのが、私の考えだ。

体で学ぶことの必要性

　物理の勉強をしていて、「波動」に関する単元がよく理解できず、頭を抱えたことがある。静かな水面に石を投げると、波が同心円を描きながら四方に広がっていく。それが波動という現象だ。

　このように時間と空間のなかで起きる現象を、単純な平面図だけで理解しようとしても容易ではない。どの科目でも、どの単元でも、その**最初の部分をしっかり理解しておけば、後から出てくる難しい内容も理解が可能になる**ものだ。

　ところが波動に関しては、正弦波〔波形が正弦曲線となる波〕の形を描いて「波長」「振動数」「振幅」などの概念を説明してある箇所からして理解できず、その単元を見るのも嫌になるほどだった。

　ある土曜日、午前の授業が終わると、「今日こそは波動をマスターしてやる」と決心し、家に早く帰った。大きなバケツに水をくんでおき、指を入れたり出したりしながら波をつくってみた。

　だが、バケツでは水面が狭すぎて、疑問を解くまでには至らなかった。うちの町内には小川が流れていたが、その川の途中が堤でせきとめられて水がよどんでいる場所があった。私はそこに駆

けていき、石ころをひとつ投げ入れて、このときにできる波をじっくり観察してみた。波の速度は意外に速く、正確な動きを観察するのは難しかった。

そこで石をまず1個投げ入れて、このときに起こる波の一部だけを観察してその場面を記憶しておき、次に投げた石が起こす波から次の場面を見るというぐあいにして、観察を続けた。

しかし波は短時間で消えてしまい、小さな石ではひとつの波をじっくり観察することができない。そこで持ち上げるのも大変なほどの大きな石を投げ入れ、もう少し大きくて長続きする波をつくって観察することにした。そのために跳ねた水をかぶったりもした。

波の媒質である水は本当に水平に移動せず、垂直にだけ運動するのだろうか。それを確かめるため、波に木の葉を投げ入れてみた。木の葉は確かにその場で上下に動くだけで、波とともに流れてはいかなかった。

波の流れを見るため、石を投げ入れると、波が目で見分けられなくなるまで堤の上を波を追って走った。平面波〔一定の進行方向に垂直な波面を持つ波〕というものをつくるため、長い枝を拾ってきて水に浸し上下に揺らしたり、波が反射する様子を観察しようと、堤の壁に波が当たるよう石を投げたりもした。

私が石を投げているのが面白そうに見えたのか、そのうち通りすがりの近所の子どもたちが集まってきた。静かだった水面はあっという間に多くの波でかき乱された。

しばらく子どもたちにやりたいようにやらせていたが、水面が

乱れると波を観察するのが難しくなる。そこで子どもたちを追い払おうと近づいていったが、ふと波の重畳〔２つの異なった波が重なり合うこと〕のことを思い出した。すると、私がつくった波と子どもたちがつくった波は、相互に交差するときに形が変わるが、交差した後はほぼ元の波形を維持したまま進んでいった。物理の教科書で見た波の独立性というものを、自分の目ではっきり見ることができたのだ。

やがて子どもたちは追い払うまでもなく、みな去っていき、妨害されて困ったという思いより、ありがたいという気持ちが湧いてきた。

何時間も夢中になれる実験

初夏の日の長い時期だったが、夕闇が迫って波が見えなくなってから、やっと家に帰った。いい大人が水辺にしゃがんで何時間も夢中で石を投げているのを、通りすがりの町内のおじさんやおばさんが見ていたが、「あの子、大学に行くと言って勉強していたけど、毎年落ちてばかりで、とうとうおかしくなったんじゃないか」と思ったかもしれない。しかし、その日私は、波動について確実に理解することができた。

物理を勉強するときは、このように直接観察や実験をしながら、新しいことを理解していくようにした。例えば、凸レンズを使って物の像を壁に投影してみたりした。子どもの頃に虫眼鏡で日光を集めて紙を燃やすいたずらをして、凸レンズで太陽光を集める

ことができることは知っていたが、凸レンズで物体の像をスクリーンに投影することができるという話を物理の本で見て、それを一度やってみたくなったのだ。

　夜間自習を終えて家に帰り、机に向かって左手に鉛筆、右手に虫眼鏡を持ち、壁をスクリーン代わりにして鉛筆の倒立実像〔物体が焦点より遠いときにレンズの後方にできる上下左右がさかさまになった像〕を投影する実験を始めた。

　鉛筆と虫眼鏡の距離に伴って、どのあたりに像ができるのかを探すのはけっこう難しく、なかなか鉛筆の像が壁に映らない。左手と右手の間隔を広げたり狭めたりを繰り返した結果、ようやく壁に鉛筆の像が逆さに映ったのを見て、家族が寝静まった夜中だというのに声を上げて喜んだ。

テストの成績につながる実習

　凸面鏡の実験も、忘れられないエピソードだ。光の反射を扱う単元においては、凸面鏡よりも凹面鏡のほうが重要で複雑なので、本当は凹面鏡を使った実験をしてみたいと思っていた。

　ところが凹面鏡は手に入りにくいため、頭のなかで想像してみるだけで満足するしかなかった。一方、凸面鏡は簡単に見つかった。バスの後部ドアの上に取り付けられているミラーが、まさに凸面鏡だったのだ。

　そこでバスに乗ったときに、わざわざこの鏡に近づいて顔を映したり、少し遠ざかってみたりしながら、教科書に書いてある通

り凸面鏡によってできる像が実物よりも常に小さく映るのを確かめ、だから平面鏡に比べてより広範囲が鏡に映ることも知ることができた。

　ただ、そのせいでダブッとした服を着ている女性が近くに立っているときなど、痛いような視線を浴びせられたりもした。

　科学の勉強では、教科書ばかり読んでいるより、ときにはこうして体で学ぶことが必要だ。ただでさえテスト勉強で忙しいのに、実験や実習をする余裕などあるかって？　それもそうだろう。だが、生きた勉強をすればテストでもいい成績につながることも否定できない事実だ。

意識を集中させる
画期的な方法

　生まれつき知能指数が200以上もある天才でない以上、人間の頭脳は五十歩百歩だ。いくら勉強ができない人でも、自分が関心を持っている分野については、誰よりも頭の回転が速い場合がよくある。

　重要なのは、集中力だ。もちろん集中して勉強するには、他のことを考えずに、ひたすら勉強だけやろうという姿勢がなくてはならない。だが、思った通りにできないのが人間なので、集中をするために意識的に方法を探すことも大事だろう。

教科書から逃げ出しそうな精神を捕まえる

　ここでは私が使った方法を紹介してみよう。

　集中できないときは、文章を読んでも文意がよくわからず、ひどいときは自分がいま何の文章を読んだのかもわからない。このようなときは、**いま読んだ文章を改めて頭のなかでぶつぶつとつぶやいてみると、意識を集中させることができる。**例を挙げてみよう。以下は教科書に掲載されている文だ。

カントは、人が道徳的に行為するには実践理性が重要な役割を果たすと述べた。実践理性は自ら普遍妥当な道徳法則を立て、これに従って自律的に行為するよう命令するが、こうした行為がすなわち道徳的行為であるとした。カントにとって、道徳的行為は他律によるものではなく、個々人の自律的善意志によって義務づけられたものだ。義務とは、善意志が自律的動機によって選択し、判断したところによって行為することを言う。そのため、カントの倫理学を義務論的倫理学と呼ぶこともある。

　精神を集中して読んでも、どういう意味か理解しがたい文章だ。だから、こうした文を頭のなかが散漫な状態で読んだら、いくら読んでも意味を捉えることができない。

　そんなときは文章から目を離し、1文ずつ暗唱してみよう。5つの文からなるこの段落を1文ずつ覚えて、順々に全体を暗唱してみるのだ。

　暗記することが目的なのではなく、教科書から逃げ出しそうになる精神を捕まえておくためだ。そうすれば精神を文章につなぎとめることができ、さらにこの段落の意味も解明することができる。

　この方法、つまり集中して勉強しようという気持ちはあるが、どうしても気が散ってしまうときに私が使う方法の根本原理はこうだ。

**　人間の意識というのは、2つのことを同時に行なうことができ**

ない。本を読みながら他のことを考えているとすれば、それは厳密に言うと、意識が他のことに奪われ、本に向いていないということだ。

　だから**私は意識から他のことを追い払うために、読んでいる文章を暗唱する**のだ。そうやって「この文章を暗唱しよう」と具体的な目標を立てることで、単に「本を読むことに集中しよう」と抽象的に考えるよりも、実際に意識を集中させることができるのだ。

教科書を読んで
勉強する最善の方法

　私は３年続けて模擬テストでは高得点を取ったが、本番の試験では自分の実力を存分に発揮できなかった。その無念さこそが、入試で３回も失敗しながらも、大学進学の夢を持ち続けられた理由のひとつでもあった。

　だが、さすがに４回目になると、どうしたら本番で実力を出し切れるのかという問題についてかなり悩むようになった。その末に解決への突破口として選択したのが、ユングの「無意識の分析」だ。

　テストの問題には、誰でも設問を見ただけで答えがわかるものもあれば、そうでないものもある。すなわち、思考力を要求される問題だ。この手の問題の難しさは、勉強ができるかどうかを問わないことだ。例えば、ある年の修能試験で出題された言語領域の１番と２番の問題を見てみよう。

I. 次の２人のあいさつの言葉において、話者たちの話し方の特徴を最も明確に指摘したものは①～⑤のうちのどれか。

男子代表：何も知らない私のような者を、皆さんの代表に選んでくださって、本当に恐縮です。未熟な点が多々あり、能力も至らない人間ですが、皆さんの声援を信じて最善を尽くします。私が過ちを犯したときは教え諭していただければと存じます。何とぞこの未熟者にお力添えをいただき、ご指導くださいますようお願いします。どうもありがとうございました。

女子代表：本日、私を代表として選んでくださった皆さんの選択は、素晴らしいものだと思います。皆さんがこの素晴らしい選択をされた事実を、今日だけでなく、今後も私が代表としての任務にある限りは、決して裏切らないようにします。私がこれまで築いてきた経験と能力を思う存分に発揮して、このクラスの問題を解決していくつもりです。クラス全員の積極的な参加を期待しています。どうもありがとうございました。

①男子生徒は口語体で話しているが、女子生徒は文語体を使っている。
②男子生徒は論理的な側面が強いが、女子生徒は感情的な側面が強い。
③男子生徒は韓国の文化的慣習を重視して話しているが、女子生徒は個性を明確にして話している。
④男子生徒は代表としての能力があまり表れていない

が、女子生徒は代表としての能力が確認される。
　⑤男子生徒は聴衆の反応を考慮して話している一方、女
　　子生徒は聴衆の反応を考慮せずに話している。

2.　この詩人が読者に伝えようとしている最も中心的な考えはど
れか。

> 読者に
>
> 読者よ、私は詩人として、皆さんの前に姿を現すのを恥
> ずかしく思います。
> 皆さんが私の詩を読むとき、私を憐れみ、自らを憐れむ
> のを知っています。
> 私は自分の詩を読者の子孫にまで読ませようとは思いま
> せん。
> その頃には、私の詩を読むことは、晩春の花畑に座り枯
> れた菊の花をむしって香りをかぐような行為になってい
> るかもしれません。
>
>
> 夜はどれほど深まったのでしょうか。
> 雪岳山の重たい影が薄くなっていきます。
> 夜明けの鐘を待ちながら、筆をおきます。

①私の詩には恥ずべき告白が多い。

②詩は憐れむことを知る心から始まる。

③もうこれ以上、詩を書きたくはない。

④私たちはいつか、いまの悲しみを克服するだろう。

⑤読者が理解してくれない詩は、無意味な詩だ。

　2番の問題は、提示された詩を一度丹念に読めば、たとえこの詩人が言わんとしているところを正確につかめていなくても、5個の選択肢のうち④が正解だということは誰でもたやすくわかるだろう。

　もちろん、この問題もただ暗記したことをもとに答えればいいような、昔の単純な問題とは違うが、受験生の思考力を測ることに目標を置く修能試験のなかでは、比較的機械的に答えられる問題に属すると言えるだろう。

　一方、1番の問題は、提示された男子代表と女子代表のあいさつを全部読んでも、どの選択肢が正解なのか簡単にはわからない。この問題は実際には、男女の代表の言葉が問題文として書かれていたわけではなく、試験会場のスピーカーを通して一度だけ音声が流される形式のものだったが、ここでは問題文として提示されたと仮定して、どう解けばいいか考えてみよう。

　男女の代表の言葉を注意深く読み、**示された選択肢を1つずつ適切かどうかを検討することが、問題を解く過程である**ことは言うまでもない。

選択肢①を検討するには、「文語体」「口語体」という言葉の正確な意味を知っていなくてはならない。たとえその概念を知らなくても、「文語」が文に書いた言葉であり、「口語」が口で言う言葉だということ、そして近代から言文一致が行なわれるようになったことなどを想起すれば、①は正解ではないことがわかる。

　選択肢②についても、生徒２人の言葉はどちらも何かの主張や原理を論理的に示し、解明しようとするものではなく、また思ったことを感情的に話している雰囲気でもなさそうだ。

　選択肢③で問題となるのは、「韓国の文化的慣習を重視し」という表現と「個性を明確にして」という部分だろう。ここで言う「文化的慣習」とは、何を意味しているのだろうか。そうやって自らに無意識に問いかけ、それが謙遜を美徳とする韓国の文化的慣習を意味するものだという点に思い至れば、控えめな男子生徒の言葉と比べて自信に満ちた女子生徒の態度が「個性を明確にして」という文句に結びつき、正解を求めることができる。

　男子生徒の言葉と文化的慣習という表現から「謙遜の美徳」を、そして女子生徒の自信満々な態度から「個性」的なイメージを連想したときに、果たしてこうした連想が一般的に妥当なのか検証する作業が必要だ。

　しばしば**国語のテストで、自分なりに正解だと思って答えたものが誤答になる場合は、この連想が一般的ではなく、個人的・主観的な偏りがあるからだ**。国語のテストが難しい理由は、まさにここにある。

　だが、修能試験の場合はすべて選択式問題なので、こうした検

証作業は特に必要ない。とりあえず③が正解の可能性が高いという程度に留め、残りの④と⑤について①、②、③のような方法で確かめてみる。その結果、④、⑤よりも③が妥当だと思えたら、そのテストにおいては最善の答えを選択したと言っていいだろう。

ふと頭に答えがひらめく

受験勉強をしていた当時、私をずっと悩ませていた疑問は、前の説明の「無意識に問いかけ〜結びつき」という部分に表れている。このように瞬間的に頭に疑問がひらめくのは、どういう仕組みなのだろうか。また、あるときは考えがよくひらめき、あるときはそうでないのはなぜなのか。

試験のときばかりでなく日常生活でも、それまで気づかなかったことや答えが見つからなかった問題について、ふと頭にアイデアがひらめいて、「ああ、そうだったのか！」とか、「なぜこれまで思い付かなかったんだろう？」と声を上げる経験があるものだ。

こうした思い通りに操ることのできない無意識の精神作用と、その結果として頭に浮かぶアイデアを、手足を動かすように自分の意思で操ることができたら、後になって「ああ、そうだったのか！」と嘆かないですむようになるのではないか。

それが可能になれば、情報を十分に頭にインプットしておき、試験会場で問題を解く際にそのアイデアを意識的にアウトプットできるから、せっかく必死で勉強したのに本番で実力を出し切れなかった、というような残念なこともなくなることだろう。

インプットとアウトプットの関係

　こんな疑問を持っていたとき、スイスの心理学者ユングの『無意識の分析』という本と出合った。この本は正直に言えばあまりに難解で、書いてあることを把握するのも大変だったし、私が抱いていた疑問ともあまり関係なさそうだった。

　しかし、まったく意味がなかったわけではない。それはユングの本から直接得たというより、心理学の「心」の字も知らないくせにユングにそのヒントを探し求めてまで苦しんだ結果、手に入れたボーナスだと言うべきだろう。

　それは**インプットとアウトプットの関係をはっきりさせておく**という点だ。例えば、1＋1＝2であることを知らない人はいないだろう。これは“1＋1”という情報をインプットすれば、“2”という情報がアウトプットされるということを認識しているためだ。すなわち1＋1＝2という等式を記憶しているからだ。

　もちろん、インプットに対応するアウトプットが意識的であれ無意識であれ頭に入っていなければ、何の情報もアウトプットされない。何も勉強せずに試験問題を見ても、何も頭に浮かばないケースがこれに該当する。

　ところが、インプットに対応するアウトプットを覚えているはずなのに、いくらインプットしてもアウトプットがされないことがある。例えば、明らかに知っている人なのに、その名前が思い出せないケースだ。私がテストで悩んでいたことがこれにあたる。

なぜそんなことが起こるのか。その原因は2つ考えられる。

1. インプットとアウトプットの結びつきが弱い

　第1に、インプットとアウトプットがしっかり結びついておらず、インプットと同時にアウトプットがなされない場合だ。胸にじんとくる風景を見ても、それをうまく言葉にできないケースがこれにあたる。勉強においても、ある概念の実体と、その実体を表す名前がはっきり結びついていないとき、こうしたケースが発生する。

　例えば数学で言えば、A（B＋C）＝AB＋ACという法則がある。これは誰でも知っているだろう。だが、この法則を規定する名称、すなわち「分配法則」と、この法則を構成する実体（上の等式）をはっきり結びつけて認識していなければ、「分配法則」というインプットが入ってきたとき、たとえこの等式を知っていたとしても、アウトプットは出てこない。

2. アウトプットが複数ある

　第2に、ひとつのインプットに対してアウトプットが複数あるため、そこからひとつだけ選ぶことが難しいケースがある。このときも、与えられたインプットに対してアウトプットが即時に導き出されることはない。

　先ほど例に挙げた国語の問題がこのケースだ。「文化的慣習」

というインプットに対応するアウトプットはいくつかあり得るが、そのうちのひとつ、すなわち「謙遜を美徳と見なす慣習」というアウトプットを導き出すことは簡単ではない。だから国語のテストは難しいのだ。

　テストとは結局、問題というインプットに対して、勉強したことをアウトプットすることだ。

　したがって、教科書を読むときは、いま読んでいる内容を必要なときにアウトプットできるよう工夫しながら勉強すべきだ。そのための最善の方法は、**名前のある内容はその名前と内容を結びつけて確実に覚えること**、そして**名前のない内容のときは、自分で名前を付けて覚えること**だ。

成績は勉強量に正比例して上がらない

　受験勉強の期間は１日や２日ではない。いくら固い決意を持って勉強を始めても、嫌になることもあり、面倒くさくなるのは確かだ。私も例外ではなかった。

　なかなか解けない問題にぶち当たり、嫌気が差して参考書を放り投げたくなることもあったし、自分なりに頑張ったと思っても、実際にテストを受けたら満足できる成績が取れなかったときも、勉強を続けるのが嫌になった。

　また、天気がいい日は勉強したくないし、週末や祝日にみんなが山登りやハイキングに行くのを見れば、自分もあんなふうに何も考えずに遊びたいと思うこともあった。

　受験勉強をしていれば、時と場合を問わずそんな思いが心に忍び寄る。何の予告もなく、たまに突然、そんな誘惑に駆られるのだ。その誘惑は、抑え切れないほど強烈なこともあり、何とか耐えられることもある。だが、どんな場合であれ、しばしば勉強を放り出したいという誘惑に駆られていると、集中して机に向かっているのも大変になる。

　受験勉強が危機に陥るのは、こんなときだ。最も代表的なケー

スは、しばらく歯を食いしばって勉強を続けても、満足できる成績が取れなかった場合である。私も何度か経験した。特に受験勉強を始めたばかりで、毎月10点ずつ順調に上がっていった模擬テストの点数が、夏になってピタリと横ばいになり3カ月ほど足踏みを続けたときは、「もうこれが自分の限界なのか」と思ったものだ。必死で勉強しても成績が上がらず、時間ばかりがどんどん過ぎるときほど、受験生にとって焦ることはないだろう。

だが、私はそんな経験を積みながら、**成績とは必ずしも勉強量に正比例して上がるものではない**ということを知った。自分の経験から勉強量と成績の相関関係を図に表すと、次のようになる。

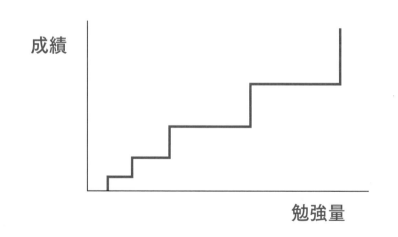

スランプは跳躍に必要な時間

　成績というのは、勉強量の増加につれて右肩上がりで上昇する直線または曲線で表されるものだと思われがちだが、それは絶対に違う。前ページの図で見るように、どんなに勉強しても、その蓄積が一定レベルに達するまでは表面上何の成果も見えない時期がある。ところが、**勉強量があるレベルに至った瞬間、それまでの蓄積が一気に爆発し、目に見える成果となって現れる**ものだ。また、成績が上がるほどスランプは長くなり、スランプが長ければ長いほど跳躍のレベルは上がる。

　だから、たゆまず努力したのに成績が上がらないからといって、がっかりして勉強を怠けてはならない。いつか努力の結果がハッキリ目に見える日が来ることを信じ、そんな危機の時期であるほど、いっそう勉強に励むこと。それだけが、スランプを早く終わらせる近道だ。

生活習慣に慣性をつける

　受験生活の随所に待ち構えるこうした危機を乗り越える最良の方法は、**「慣性の法則」を味方につけること**だ。「慣性の法則」とは何か。運動する物体は運動し続けようとし、停止している物体は停止し続けようとする、というものだ。

　人間の習慣にも、一種の慣性の法則が当てはまる。**頑張って勉**

強する人には頑張りの慣性が染みついており、その慣性の力に身を任せているため、さらに頑張り続けることができる。

　一方、いったん勉強が嫌になって机から離れてしまうと、その慣性に引っ張られて、さらに怠け続けることになるのだ。だから勉強しようと決心した最初の瞬間から、頑張りの慣性を身につけるよう努める必要がある。

　よく言われるのは、受験生活の序盤は無理に頑張らず、スローペースで始めて、そこから次第にスピードを上げ、本番のテストを目前にしてスパートするのが望ましい作戦だ、というものだ。最初から無理していたら疲れて倒れてしまう、というわけだ。

　しかし、私はそうは思わない。最初から必死に頑張ることで、勉強に没頭する生活習慣に慣性をつけてやる必要があるというのが、私の考えだ。

誘惑を克服する慣性

　ふとした瞬間に訪れる誘惑の危機への対処法も同様だ。あの誘惑——勉強が嫌で、遊びに行きたいという誘惑の手に一度でもかかれば、それに慣性がつき、次の誘惑にも簡単に負けるようになる。「勉強がはかどらないから、今日だけ休んで明日から頑張ればいいや」というように、誘惑と妥協してしまうことはよくある。だが、うまくいかないから休むことが癖になると、その癖に慣性の力が働いて、ちょっと勉強がはかどらないだけですぐ休むようになってしまうのだ。

一方、一度でもその誘惑に打ち勝てば、今度は誘惑を克服する慣性が生まれ、次の誘惑にも簡単に負けなくなる。韓国のことわざに「始めたら半分終わったようなものだ」とあるように、**最初の１回か２回さえ頑張ってうまく乗り切れば、次からはだんだん簡単になる**ものだ。

　私の場合、受験勉強をしている間は毎朝８時に予備校に行き、夜10時まで勉強した。１カ月に１回の模擬テストの日以外は、何があってもその時間の枠だけは守った。そうしているうち、「友達と酒でも飲みに行こうかな」と思ったときも、いったん身についた習慣を破るほうがむしろ面倒で、そのまま机に向かうことができた。

「勉強が一番、簡単でした」

「仕事と飯と睡眠」。これはある詩のタイトルだ。飯を食うために働き、働くために寝るという厳しい生活を表現したようなタイトルが深く印象に残っている。事実、仕事と飯と睡眠だけの毎日を過ごす人たちがどれほど多いことか。自分のせいであれ社会のせいであれ、夢も希望もなく、これだけで生きていくというのは切ないことだ。

　仕事と勉強と遊び。高校を出て以来、私の人生はこの3つで埋められてきたと言える。自分で選択したものもあり、やむをえずやってきたものもある。この3つのうち何が一番簡単だったかと聞かれたら、私はためらわずに勉強と答えるだろう。

「これまで就いた肉体労働は7種類……でも、勉強が一番、簡単でした」

　ソウル大合格後に、ある日刊紙に掲載されたインタビューの見出しだ。私は工事現場でも仕事に精を出し、かなりうまくやったと思うが、それでも勉強ほどではなかった。「勉強が一番簡単だ

なんて、よほど仕事がつらかったんだろう」と同情する人と、「勉強が一番簡単だとは、生意気な奴だ」と言う人がいるだろう。

だが、ここでいう簡単とは、私の頭がいいとか、生まれつき勉強の素質があるというのとは違う。私にしても、最初から勉強が簡単だったわけではない。

簡単だから勉強を始めたのではなく、必死に勉強しているうちに簡単になったのだ。「簡単」になった原因は、それが「面白い」からだった。面白ければ一生懸命にやるし、一生懸命やれば簡単になるものだ。

だから、勉強が嫌いな人はテストでいい点を取って大学に行きたければ、死ぬほど嫌な勉強に闇雲にしがみつくのではなく、まずは勉強に面白さを感じることが早道である。

人は誰でも、自分が関心を持っていたり、面白味を感じたりする分野に関わるとき、誰よりも熱意を示し、それだけ能率も上がるものだからだ。

心のなかに「！」が浮かぶ瞬間

私も高校の頃は、他の生徒たちが居残って自習している時間にビリヤード場に入り浸っていた。なぜか。勉強はつまらない一方、友達と一緒にビリヤードをするのは面白かったからだ。

ところが本格的に勉強を始めてみると、それまで私が面白いと感じていたことすべてがくだらなく思えるほど、本当に勉強が面白くなった。

だから、こんなことを考えたこともある。すべての生徒は高校を出たらすぐに大学に進学するのではなく、一定の猶予期間を決めて自分がやりたいことを存分にやってはどうか、と。そして、その猶予期間に自分の適性にピッタリ合う分野に出会えば、別に大学に行かなくても、その分野の専門性を伸ばしてやればいいし、そうでなく本当に勉強をやるべきだという必要性を感じたら、大学に入って勉強すればいいのではないか。

　勉強を始めてみて、私はその面白さには主に2種類あることがわかった。1つ目は、**これまで知らなかった世界を少しずつ発見していくことの面白さ**だ。これらも、厳密に考えれば2つに分けられる。

　ひとつは、教科書を読んだり、先生の話を聞いたり、直接自分の目である現象を観察したりして、「ああ、だからそうなるのか！」「ああ、実はこうなのか！」というぐあいに、**心のなかに発見の「！（エクスクラメーションマーク）」が浮かぶような瞬間の喜び**だ。生物の教科書のホルモンに関する単元を読むと、こんな文章が出てくる。

> 体液の塩類濃度が上昇して浸透圧が上がると、間脳が刺激されて脳下垂体後葉からバソプレシンというホルモンが分泌され、細尿管からの水の再吸収を促進させて、浸透圧を正常に戻す。

酒を飲んだ翌朝、喉の渇きがひどくなるが、まさにその理由が前ページの文章に書かれている。アルコールは間脳の活動を妨げるため、酒に酔った状態では腎臓の細尿管から水分が再吸収されず、それで喉が渇くのだ。このように、これまで知らなかった事実を勉強によって学べるのは、何と面白いことだろうか。

もうひとつは、生活のなかで見聞きする物事の仕組みやその意味を、**勉強で学んだ事実や知識をもとに他人や自分自身に説明できるようになったときの満足感**だ。ひとつ例を挙げよう。本書を執筆する間、しばしば出版社に出入りしていたが、そこに行く途中の道に憲法裁判所があった。

憲法裁判所の建物は大理石造りで、その正面の外壁には韓国の国花であるムクゲの花が9個、浮き彫りにされている。どうせならもう1個増やして10個にすれば切りがいいのに、なぜ9個なのか。何気なく通り過ぎていれば何とも思わないだろう。

だが、政治経済の教科書で憲法裁判所の裁判官が9人だという事実を学んだ私には、その9個のムクゲが意味のあるものとして見えてくるのだった。

学ぶことの楽しみ

勉強から感じる面白さの2つ目は、**自分の能力が拡大したことから来る快感**だ。勉強も一種の脳の作用だ。すなわち頭を使うということだ。体の一部を集中的に使えば、その部分の活動能力が

伸びていく。同様に、頭もよく使っていれば、能力が開発されるのは当然だ。

　科学者によれば、いかに優れた知力を持った人間でも、脳全体の20％しか使っていないというのだから、人間の頭脳が持つ可能性は、ほとんど無限大だと言っていい。

　勉強していると、自分の頭がどんどんよくなっていることが生き生きと実感できる。私について言えば、20歳当時の自分といまの自分を比べると、総合的な理解力や思考力、暗算能力、記憶力、さらには自分のような平凡な人間にはまったく理解不能だった３次元の立体に対する連想力などが、比べものにならないほど向上したと思う。

　ＩＱの数値にどれほどの信頼性があるのかわからないが、高校時代に113だった私のＩＱも、いま検査すればもっと高くなっているかもしれない。このように自分に日に日に力がつき、能力が高まるのを知ったとき、満足感を抱かない人はいないだろう。

　精神的な喜びは物質的快楽とは違って、ゼロサムゲームではない。個人や特定の集団がその喜びをたくさん抱いたからといって、他の人々の取り分がそれだけ減るということはない。**「知」とは、人間の短い人生をより広く、深く生きられるようにしてくれるものだ。**学びの楽しみを力説した孔子の言葉は、いつ聞いても新しい、永遠の真理なのだろう。

2

なぜ、劣等生だった私が
ソウル大学に
トップで合格できたのか?

勉強よりも
喧嘩に明け暮れた日々

　私は喧嘩っ早かった。私の体格を知る人なら、信じられないか
もしれない。いまでこそ長い肉体労働のせいで腕がけっこう太く
なり、胸板も厚くなったが、それでも身長160㎝、体重55kg足らず。
そんな小柄な体でどうして喧嘩などできたのかと思うだろう。私
自身も当時を振り返ると、よく殴り殺されずにこれまで生きてい
られたものだと冷や汗が出るくらい、ひどい喧嘩をしばしばやっ
てきた。

　私は、子どもの頃からガキ大将タイプではなかった。中学生に
なっても、いるかどうかわからないような、先生はもちろん友達
の間でも目立たない存在だった。

「そんなはずはない。どのクラスにもいるだろう、何か特技があ
ってクラスの人気者だったとか、勉強ができて先生にかわいがら
れたとか、それとも家が金持ちで友達から一目置かれていたとか
……」と思うかもしれない。

　ところが、私はどれにも該当せず、卒業アルバムを開いてみて
も、「あれ、こんな子、うちのクラスにいたっけ？」と思うほど、
何の特徴もないごく平凡な子どもだった。

そんな私が突然変わったのは、高校2年生の頃。時と場所を選ばず、理由も大義名分もなく、相手かまわず喧嘩に明け暮れるようになったのだ。

やられっぱなしではいられない

高1の冬休みが終わる頃から、タバコを吸うようになった。そして味気ない日常から抜け出して、不良グループに仲間入りしたくて意識的に近づいていった。

高2になると、自分から悪ガキが集まる後ろの席に交じって座った。先生から「小さいくせになぜ後ろに座るんだ？」と叱られたが、ハングルの配列順なら自分の名前はクラスで46番目だから、後ろの席に座って当然だと理屈をこねて居座った。

高2になってひと月もたたない頃、ついに華麗なる変身のチャンスが訪れた。同じクラスにハン・フンという奴がいたが、こいつはどこで手に入れたのやら、当時はまだ珍しかった外国製タバコを学校に持ってきては他の生徒に売るという“アルバイト”をしていた。高校生にタバコの味がわかるとも思えないが、ともかく希少価値のせいでその外国タバコは私たちの間で大人気だった。

ある日、私も思い切って大枚500ウォン〔約50円（1円＝0.1ウォンで計算）〕をはたいて外国タバコを1箱買った。特別に半額にまけてもらってその値段だった。それを学校で何本か吸っては、下校の時間になるとヒョンシクという奴に箱ごと預けた。当時はまだ悪さを始めたばかりの頃だったので、タバコを家に持ち帰る

勇気がなかったのだ。

　ところが翌日、学校でタバコをくれと言うと、そいつはただニヤニヤ笑うばかりで返してくれなかった。聞くと、前の晩に私のタバコを友達と一緒に全部吸ってしまったという。無性に腹が立って、ちょうど廊下で彼と出くわしたとき、「俺のタバコを返せ」と大声で言うと、彼はいきなり私の頬を殴りつけた。

「ふざけるな、このバカ野郎！」

　瞬間、目から火が出て、目の前が真っ暗になった。私はやみくもに手を振り回しながら、彼に向かって突進した。しかし、やはり相手にならなかった。かなり喧嘩が強いという噂の彼は、頭を下げたまま前も見ずに振り回す私の拳をかわしながら、私の腹に何発かパンチを打ち込んだ。たまたま近くにいた他の生徒が慌てて止めに入ったため、そこで互いに離れた。

　私は教室に戻ったものの、考えれば考えるほど腹が立ってきた。タバコを取られたのも悔しかったが、他の生徒たちが見ている前で殴られたことは、どうしても我慢ならなかった。

　以前の私なら、いくら腹が立って悔しくても、それを表に出せずにひとりで泣き寝入りするのが普通だった。だが、そのときばかりはそんな自分が情けなくて、嫌でたまらなかった。

　これ以上やられっぱなしではいられない。そう思った瞬間、教室の後ろのほうで他の生徒と立ち話をしていた彼に駆け寄り、顔面に拳を浴びせた。

生まれて初めて大切なものを守りぬいた

　いま思えば、私にも少しは喧嘩の素質があったようだ。初めての喧嘩だったのに、彼の顔面にいきなりパンチを浴びせた瞬間、「お、クリーンヒットだ！」という鈍い感触を覚えた。

　その後の展開はまったく記憶にない。後に友達から聞いた話によると、私は人が変わったように両手の拳を振り回し、それが一発残らず相手の顔面に命中したそうだ。

　そんな華麗なる「デビュー戦」を飾って間もなく、また他の事件が起こった。トンギュという名の、中学生の頃から噂の不良がいた。そいつは高校に入るときに浪人したため、年齢もひとつ上で、私たちにとって雲の上のような存在だった３年生からも一目置かれていた。

　その彼がある日、私に言いがかりをつけてきた。というより、彼はただ無意識にいつものように行動しただけだろう。私が登校して、いつものように先生の目が届かない後ろの席に座っていたら、彼が手のひらで私の頭をはたき、「こら、どけ」と言った。私は黙ったまま、あらぬ方向を見ていた。

　「おい、この野郎、どけと言っただろ」。今度は私の髪の毛を引っ張りながら文句を言った。それは彼にとって、単なるいたずらに過ぎなかった。それまでは、自分がひとこと言えば私のような雑魚は黙って言うことを聞いていたからだ。

　私は顔をしかめ、彼の手を払いのけた。すると彼は、「何だ、

こいつ」と言いながら片手を振り上げた。それでも、彼には本気で私を殴る気はなかったようだ。ふだんなら、そのくらい脅せば十分に自分の思い通りにできたからだ。ところが、そのときの私はかなり頭にきていた。

　私は稲妻のように跳び上がると、彼の顔面を殴りつけた。私をなめてかかっていた彼は、一撃を食らってしばし呆然となった。その隙を逃さず、彼の顔面と腹部に連続パンチを打ち込む。今度はデビュー戦のときのように無我夢中になることはなかった。神経細胞の一つひとつが張り詰めるくらい緊張していたが、拳が正確に命中していることがわかった。

　勝負はあっけなくついた。彼は一度もパンチを出せないまま、一方的に私に殴られっぱなしだった。息を整えて席に着いた私は、生まれて初めて何か大切なものを自力で守りぬいたという満足感に浸っていた。

　しかし、勝利の喜びもつかの間、教室の前を向いて座っていた私は、他の生徒の悲鳴に驚いて後ろを振り向いた。まぶたを腫らした彼が椅子を高く持ち上げ、私めがけて振り下ろそうとしていたのだ。私のような雑魚にうかつにも一方的にやられたことに納得いかず、自尊心がいたく傷ついたのだろう。

　そのときに私が慌てて逃げようとしたり、脅えた表情を見せたりしたら、おそらく彼はありったけの力で椅子を振り下ろしたことだろう。そうすれば私はいまごろ、この本を書いてはいられなかったに違いない。しかし、私はまばたきもせずに彼の目をじっと見つめた。

その瞬間、教室にピンと張りつめた空気が漂ったが、すぐに私は、彼が本当に椅子を振り下ろすことはなさそうだと思った。案の定、彼は重くもない椅子を振り上げたまま、全身をブルブルと震わせるばかりだった。

始業のベルが鳴り、誰かが「先生が来るぞ!」と叫んだのを合図にみんながバタバタと着席すると、彼も静かに椅子を下ろした。

弱い自分を捨て去りたかった

この事件で、私のイメージは決定的に変わった。いくら図体が大きく腕っぷしの強い不良でも、「チャン・スンスにはうかつに手を出せない」と印象づけたのだ。それ以来、私は本格的に喧嘩好きになった。殴り合いで味わう異質な快感に酔いしれた私は、時と場所を選ばず喧嘩に没頭した。

教室、トイレ、住宅地の路地、市内バスのなか、ビリヤード場、酒場など、行く先々で喧嘩をした。通りで誰かと目が合っただけで、「おい、こいつ、何を見ていやがる!」と罵声を飛ばすと同時に拳を振り上げた。しまいには、拳の「プロ」である学校のボクシング部の生徒たちとも平気で戦った。殴ることもあれば、殴られることもあったが、ひと暴れして気晴らししないと、一日が終わった気がしなかった。

あの頃、なぜあんなに暴れ回ったのだろう。はっきりした理由はいまでもわからない。明らかなのは、少なくとも二度と相手の拳に怖気づくような弱虫になりたくなかったということだ。怖く

て逃げた後で味わう惨めさに自己嫌悪するような、弱い自分を捨て去りたかったのだ。

　そんな決意から始まった私の喧嘩癖は、それまで私が近づきがたかった、それでいながら仲間になりたかった友達に近づくための方便でもあった。どうせ勉強には興味がなかったから、もっとパーッと「遊んで」みたかったのだ。

金と見た目

　昔もいまも、学生が「遊ぶ」と言うとき、そこには多くの意味が含まれている。文字通り、ただ勉強せずに遊ぶだけではなく、酒やタバコはもちろん、女の子と一緒に酒場やナイトクラブに出入りしたり、気が向けば家や学校など放り出して、ふらりと旅に出たりもする（大人たちは普通、これを「家出」と呼ぶ）。

　麻薬にまで手を出し、町の暴力団に近づいて下っ端となってついて回ったりもする。そうなると、若いうちから犯罪の道に足を踏み入れ、刑務所に出入りする場合もある。

　私はそこまで人生をぶち壊しにする気はなかったが、かわいい女の子をナンパして飲んだり踊りに行ったりすることには少なからず憧れた。初めのうちは思い通りにいき、お陰で女子学生との合コンに呼ばれ、ディスコという場所も見物できた。

　ところが、本格的に遊ぶにはいくつか障害があった。まず、私の外見。長身のハンサムでなかったことはともかく、私はとにかく小柄だし、顔も実年齢よりかなり幼く見えるので、「未成年

者お断り」の場所には入れなかったのだ。

　他の友達は高2といってもそれなりの格好をしていけば、身分証明書を確認しない限り、浪人生や大学生と見分けがつかなかった。だが、私の場合は誰が見ても中学生にしか見えなかったので、一緒にいた友達まで追い払われることが多かった。

　もうひとつの問題は、やはり金だった。遊ぶにも金が必要だった。季節ごとに新しい服を買ったり、定期的に美容院でヘアスタイルを整えたりしないといけないのに、何せ金がないのでとても無理な話だった。金持ちの家の子どもだって、小遣いだけではそんな費用は出せない。すると彼らは、本を買うとか塾の月謝を払うとか理由をつけて、親に金をせびったり、さらには授業料を使い込んだりもした。

　しかし、高校の3年間で1度も授業料をまともに払ったことのない私は、びた一文として親からくすねることはできなかった。当時、我が家は生活保護の対象だったので、中学生だった弟は授業料を免除された。それが学校でどれほど恥ずかしいことかは、実際に経験してみないとわからないだろう。

破天荒な高2の1年間

　こうした金と見た目の問題以外に、私を本格的な堕落から防いでくれた要因がもうひとつあった。それは、すでに中毒レベルにあった喧嘩癖だ。暴力にも、酒やタバコ、麻薬のように強い中毒性があることを、そのとき初めて知った。

喧嘩のない静かな日が何日か続くと、しきりに神経が逆立ち、胸がざわざわしてならなかった。そのため2週間も静かな日が続くと、今日あたり何か騒ぎが起きそうだという予感がしたものだ。

　私の喧嘩癖が収まる気配がないのを見て、とうとう親しい友人たちまでが、そっと私を避けるようになった。私が行くところはどこでも問題が起きることを、彼らは経験から知ったのだ。

　自分で考えても、私の喧嘩癖は度を超えていた。最初のうちは私の華麗な武勇伝に喝采を送っていた友達も、しばしば「おい、お前、そんなことでなぜ喧嘩するんだ？」と文句を言うようになった。

　ある日、合コンに行ったときのことだ。ひとりの女の子が私をチラリと見て、横の子にヒソヒソ声で「あのチビが……」と耳打ちするのが聞こえた。その瞬間、私は席から立ちあがり、その女の子にビンタしてしまった。

　自分でも後悔して、これからは二度と女には手を上げまいと心に誓ったが、ともかく合コンの場で女の子にまで暴力を振るったのだから、みんなが離れていくのも当たり前だった。

　高校2年も終わりになると、私の華麗なる全盛期も幕を閉じた。夢中で拳を振り回すうちに、鼻の骨が曲がったり唇に穴が空いたりして、病院に担ぎ込まれたことも何度かあった。しまいには身も心も疲れ果て、頭に疑問だけが残った。

　そんなある日、高2の冬休みのことだ。友達と酒を飲んでから、ひとり落ち着いた気分で暗く寂しい路地を歩いていた。すると10

メートルほど先に、やはり高校生くらいの若者十数人が、ちょうど飲み屋から出てきてたむろしていた。見るからに悪そうな奴らだった。何気なく彼らの前を通り過ぎようとしたとき、そのなかのひとりが私にひどい暴言を投げつけた。すべてが面倒に感じていた時期だったが、そいつの暴言だけは聞き捨てならなかった。

　私がひとこと言い返したとたん、そいつの拳が私の口元に飛んできた。その一発で私の唇は血まみれになり、前歯の先が折れた。バランスを崩して倒れそうになったとき、そいつが再びかかってきた。倒れながらも無意識にそいつの顎に蹴りを入れた。そして、2人同時に倒れた。一瞬の出来事だった。

　私が素早く起き上がるや、今度はそいつの仲間が束になってかかってきた。多勢に無勢だ。両手で顔をガードしたまま、一方的に殴られるしかなかった。

　しばらくそうやって殴られていると、奴らは殴り疲れたのか、立ち去る気配が感じられた。そこで顔を上げて、一番後ろにいた奴めがけて拳を振り回したが、当たるはずがない。呆れ顔で遠巻きに息を整えている彼らに、私は全身血だらけのまま叫んだ。
「みんな、かかってこい。こん畜生めが！」
　華麗なる変身を試みた高校2年の1年間だったが、その変身を完全に果たせないまま、身も心も、そして学校生活も、めちゃくちゃな状態で終わりを迎えつつあった。
　憂鬱で覆われていた18歳の冬だった。

勉強から逃げるように働き始めた

　暇を持て余し、昼間から町内のゲームセンターに行った帰り道だった。自分の足の２倍ほどもある、友達から「航空母艦」と呼ばれていた巨大なスリッパをズルズル引きずって歩いていたら、いきなり誰かに後頭部をはたかれた。

「何だ！　この……」

「どこで油売ってたんだ？」

　白のワイシャツにグレーのスラックス、さらに脇に紺のビニール革の手帳を挟んで、誰がどう見ても町役場の下っぱ職員といった風情。同じ町内の兄貴分だった。

「しっかりしろよ、こいつめ！　勉強が嫌なら学校をやめて働いたらどうだ。チンピラでもあるまいし、毎日何をしている」

「こんな暑いのに、何の用で？」

「ちょうどいい。これでも読んで、明日俺のところに来い」

「これは何ですか？」

「見ればわかる。俺はこれから用があるから、これをよく読んで、明日必ず俺のところに来いよ！」

　そう言って去っていく兄貴の後ろ姿を見送りながら、Ａ４サイ

ズの印刷物に目を落とした。生活保護家庭の子どものための、無料の職業訓練所の新規募集案内だった。訓練の課程には、重機操縦クラスと自動車整備クラスがあった。

「油まみれになって車の下にもぐるなんてやっていられないから、退屈しのぎにパワーショベルの操縦でも習ってみるか」

こうして私は、町役場の斡旋で国費の職業訓練所に入ることになった。高3の夏のことだ。その間に母の体調が悪化し、暮らし向きも苦しくなった。

唯一の楽しみだった喧嘩さえやる気がなくなると、学校という場所にまったく興味がなくなった。

授業をさぼって小説を読みふける

高3になって最初の1カ月は、他にこれといってやることもなかったので、勉強に打ち込んだ。おかげで1学期の中間テストで文系コース300人中の40位くらいという、高校時代で最高の成績を取った。だが、どうせ大学など自分とは縁のない別世界だと思っていたので、また勉強をやめてしまった。

試験監督の目が届かない模擬テストは、友達に適当に書いて出してくれと頼んで、教室に入ることもせず、中間テストや期末テストのときは、第1問なら1番、第2問なら2番というぐあいに、答案に番号だけ書いて出てくるのが常だった。

その結果、高3の最後の成績はクラス60人中で50番あたりをさまよっていた。それでも高校の内申書の成績は、10段階の5

だったのは不思議だった。後にこの内申書の成績が、あれほどしつこく私の足を引っ張ることになるとは、夢にも思わなかった。

　授業中に教室に座っていても、先生の話は何ひとつ耳に入らなかった。教室の後列にずらりと並んで座る私と仲間たちは、金を集めては貸本屋から10巻、20巻シリーズのマンガや武侠小説を借りてきて、退屈な授業時間をつぶしていた。

　だが、マンガにも武侠小説にもまったく興味がなかった私は、その代わりに小説を借りて読み始めた。『三国志』を手始めに、『嵐が丘』『風と共に去りぬ』『武器よさらば』『狭き門』『テス』『月と六ペンス』『知と愛——ナルチスとゴルトムント』『人生の半ば』など、古典の名作を読んだのはこの頃だ。

　ゲーテの『ファウスト』やダンテの『神曲』などは、意味もわからないまま手あたり次第に文字面だけを読み、理性と欲望という人間の矛盾を描いた『知と愛——ナルチスとゴルトムント』は、自分なりに解釈しながら面白く読んだ。

　昼間の授業はこのようにさぼってはいたが、夕方までの補習授業と夜間自律学習〔韓国の高校では授業後に夜10時頃まで学校に残って自習する制度がある。「自律」の名があるが、半強制的〕の時間はまったく苦痛だった。そんなところへ合法的にサボる口実ができたのだから、当時の私にとってパワーショベルは救いの神だった。

願書を出せる4年制大学が1つもない!?

　本格的な入試シーズンに入ると、担任の先生が生徒を一人ずつ呼び出し、どの大学に願書を出すかについて面談を始めた。私の成績では、願書を出せるような4年制大学は1つもないとのことだった。「それなら出しません」と言って、淡々と職員室を出た。

　そして翌日からは、学校にも行かなくなった。みんなは3年間で学んだことを総復習し、入学願書を書くために大忙しなのに、自分だけそれをぼんやり眺めているのはきまりが悪かった。

　訓練所は学校よりずっと面白かった。学科の授業が終わった後、掘削機技能士2級、フォークリフト技能士2級の筆記試験を受けて何とか合格した。

　続いて、同じクラスのみんなが入試に神経を尖らせていた頃、私は大学入試の代わりにパワーショベルとフォークリフトの実技試験にチャレンジしたが、2つとも落ちてしまった。それでも訓練所で斡旋してくれたパワーショベルの助手の仕事にありつくことができた。

　ついに私は長く暗いトンネルのような高校時代にピリオドを打ち、本格的に社会人として働き始めた。

夢にも思わなかった 大学への道

　パワーショベルの助手としての日課はこんな感じだ。朝は作業開始の前に運転士より先に現場に出て、重機のエンジンをかけておく。次に、準備運動でもするように各部分を軽く動かして、運転士が来たらすぐに作業を始められるようにしておく。

　パワーショベルの運転席には助手席がない。そのため運転士が作業をする間、半坪に満たないほどの運転席に中腰で立ち、運転士の仕事を注意深く見習いながら、自分の目で仕事を覚える必要があった。

　おやつや昼食の時間には、摩耗しやすい部分にオイルをさし、作業が終わったら燃料を満タンにしてから、重機を現場事務所の近くに移動させておかねばならない。

　あるとき、作業終了後にパワーショベルに給油したのだが、燃料がどれほど入ったのかわからず、タンクに顔をくっつけるようにして中をのぞいた。「ああ、タンクがもういっぱいだ」と思った瞬間、パワーショベルに取り付けられたエアーポンプの圧力で、ホースをつたって軽油が逆流して噴き出してきたために、全身油まみれになったこともある。

次第に仕事を覚えたら、運転士の休憩時間を利用して助手が作業をする。そうやって運転士の手伝いをしながら1年ほど助手を務めると、やっと運転士になれるのだ。

　最初は見ているばかりだった私も、やがて簡単な作業は自分でやるようになった。たまに街路樹の枝を折ってしまったり、誤った場所に土をぶちまけたりという失敗もしたが、他の運転士や助手たちからは上手だといってよく褒められた。

試験官に泣きつくも、不合格

　パワーショベルの基本的な作業にある程度慣れた頃、2回目の実技試験にチャレンジした。筆記試験に1回合格すれば、2回まで実技試験を受けられることになっていた。そのため、今度落ちたらまた筆記試験を受けなければならなくなるというプレッシャーがあった。

　だが、私は自信満々だった。パワーショベルの実技試験は2種類からなる。S字カーブのコースを前進して入り、バックで戻ってくる走行試験と、土の山をひとつの場所からもう一方へと移す作業試験だ。

　前回の試験は、走行試験は簡単にパスしたものの、土の山を移動させる作業に慣れていなかったために不合格となった。しかし、今回はその程度の作業は目をつむっていてもできるくらい熟練していた。

　まずは走行試験。軽々とS字コースに入り、抜け出した。とこ

ろが運転席から降りる際に、いきなりエンジンが止まってしまったのだ。パワーショベルの運転席には各種レバーが何本も突き出ているが、自分の体のどこかがそのうちのひとつに誤って触れてしまったようだ。

試験官がホイッスルを吹いた。不合格という意味だった。諦めきれずに試験官に泣きついたが、通るはずはなかった。次の試験を受けるには半年も待つ上に、また筆記試験から受けなければならない。目の前が真っ暗になった。

事件、勃発！

その後も助手の仕事は続けた。次第に仕事を覚えるとともに、運転士の代わりに私が作業する時間が増えていった。ところがそうなると、思ってもみなかった問題が生じた。私が作業するのを現場の管理者たちがよく思っていない空気を、はっきり感じたのだ。

もちろん作業の能率や正確さの面で、助手の私が運転士より劣るのは当たり前だ。しかし、パワーショベルの作業者たちの間では、基本的な作業を助手に任せることが慣例のようになっていた。それでこそ、助手も実力を積んでいつか運転士になれるのだから。

なのに、現場側では私の作業にいちいちケチをつけた。まるでアパートの大家が気に入らない住人に「出て行け！」と言うように、「そんなふうに仕事をするなら車から降りろ！」とよく怒鳴られた。

何度かそんなことが続くと、ひょっとして現場側では、私を口実に重機のオーナーに圧力をかけて、何かを要求しようとしているのかとさえ思った。

　とにかく、重機のオーナーが現場に顔を出すことはめったになかったから、私への苦情はそっくり私を指導するパク運転士に向けられた。実に弱った立場に立たされたものだ。パク運転士に申し訳なく、重機のオーナーにも迷惑が及ぶかも、と心配になった。

　そして、ついに事件が起きた。

　ある日、パク運転士が少し遅れて現場に出てきたのだが、それまで遊んでいるわけにもいかないので、私が少し作業をしておいた。特に問題があったわけでもないのに、そのことで現場の土木技師とパク運転士の間で大喧嘩になった。

「こんなんじゃ、もうやってられん！　俺が何とかするから、お前は気にせず仕事してろ」

　パク運転士はそう言ってパワーショベルに乗り込んだが、私はもうここにはいられないと直感した。結局、その日をもってパク運転士とはお別れとなった。

仕事を転々とする日々

　そんなわけで、パワーショベルの仕事をやめてブラブラしていると、顔見知りだった町内の新聞販売店所長から仕事を手伝ってほしいと頼まれた。遊んでいるわけにもいかないので、新聞販売店で総務の仕事を始めた。

所長は新聞販売店以外にもやることがあったので、販売店の仕事はほとんど私が任されることになった。日の出前から、私が新聞配達の子どもたちに新聞を分けてやり、私自身も小型のスクーターに乗って新聞配達をした。昼間は誰もいない事務所で電話番もし、ときどき新聞代の集金に回ったりもした。

　そうこうするうちに初夏になった。たまたま成人向けゲームセンターでホールスタッフをしていた友達に誘われ、収入も悪くないと言うので、何の気なしにその仕事を始めた。パチンコ台がずらりと並んだ店内で、客のために両替をしたり、タバコや飲み物を持っていったりしながら、たまに誰かが大当たりを出したら、「ジャックポット！　センターにセブン！」と叫んで景気をつけてやるのがホールスタッフの仕事だった。

　しかし何日か勤めてみると、収入はともかくとして、ここの仕事はなぜか肌が合わないような気がした。そもそも午後遅くに店に出て、明け方ごろに帰る生活が気に入らなかったし、さらに客の大半が金をすって帰るのに、そんな人たちからチップをむしり取るのも気分が悪かった。

　また、たまに営業していない昼間の時間帯、店主が店を賭博場として貸すこともあった。そんな日はいざという場合に備えて、店の外でぶらぶらしながら見張り役をしなければならなかった。結局、日ごろ使用人に対して横柄で文句ばかり言う店主と大喧嘩になり、ひと月もたたずに仕事をやめてしまった。

憧れのバイクに乗りたくて、仕事を選ぶ

　その後に始めたのは、バイクで食堂におしぼりを配達する仕事だった。ただバイクに乗りたくて、その仕事を選んだのだ。私も友達のように、高校の頃からバイクに乗りたくて仕方なかった。

　だが、私には趣味でバイクに乗れるような金はなく、どうしても乗りたければそんな仕事を探すしかなかった。町内のおじさんから古いバイクを借りて、１時間ほど練習してから運転免許の試験を受けた。

　こうして就職したのがおしぼり会社だった。飲食店で使ったおしぼりを回収して、それを洗濯し、包装してからまた配達するのだ。洗剤の臭いが充満した狭い空間で、洗濯機と脱水機でおしぼりを洗うおじさんと、洗い終えたおしぼりをたたんで包装するおばさんが２人、それに私と同い年の経理。それが全社員だった。前は配達をするバイクの運転手が２人いたが、２人ともやめたので社長が自ら配達をしていたところだった。

　初めて配達に出た日、社長は私が当然にバイクの運転が得意だと思い込んでいた。私が社長に対して運転が得意だとホラを吹いたからだ。

　しかし、私が実際にスクーターでなく125ccの本物のバイクに乗ったのは、免許の試験を受ける前日に町内のおじさんから借りたバイクに乗った１時間と、試験場の実技で乗った５分間がすべてだった。スピードを出さずに気をつけて乗ってみると、バラン

スさえ保てば大して難しくはなさそうだった。

ところが、実際に仕事でバイクに乗るとなると話は違う。おしぼりをバイクで配達するときは、市場で物を運ぶのに使うプラスチック製の大きな黄色い籠を２つ積んでいく。おしぼり１枚の重さは赤ん坊でも持てるほど軽いが、それを大きな籠いっぱいに詰めると、とてつもない重さになった。

初日なので、社長は私に籠を１つだけ積ませると、取引先の場所を覚えさせるため先に出発した。しかし、荷台に籠を積むと後ろが重くて、とてもバランスを取ることができない。

まして私は小柄で、足も短い。バイクにまたがると、両足が同時に地面に届かなかった。バランスを取ろうとして片足だけ地面に着けると、バイクが30度以上も傾く。荷物がなければ何とか支えられても、50キロ近いおしぼりの山を積むと、バイクの重さと相まって、とても片足では支えきれない。次の瞬間、荷台に積んだおしぼりがドサドサとこぼれ落ちた。

実際、その日は数え切れないほど転んだ。そのたびにバイクを起こし、急いでおしぼりを拾い集めて積み直さねばならない。先を行く社長は私が倒れたのも知らずにしばらく走って、「あいつ、なぜついて来ないんだ」と後ろを振り返ると、毎度、私は地べたに這いつくばっておしぼりを拾っていた。

最初のうちは単なるミスだと思って、「気をつけろよ」と声をかけながら一緒におしぼりを拾ってくれた社長も、しまいには呆れ顔で私を見下ろすばかりだった。

仕事から礼儀を学ぶ

　バイクに乗るのは、思いのほか難しかった。狭い路地でカーブを曲がると必ず転び、スタンドをしっかり立てられず転んだ。あるときなどは、食堂の前にバイクを止めて、おしぼりを納品して外に出て見ると、私のバイクが倒れて横にあった車のドアをこすっていた。

　最初のうちは、このような小さな事故を起こしても社長が後始末をつけてくれたが、何度も繰り返していると面目なく、すべて自分の給料で弁償しなければならなかった。

　それでも、仕事はたちまち面白くなった。食堂の主人たちともすぐに親しくなった。食堂のドアを開けながら食事中の客がびっくりするほど大きな声であいさつし、くだらない冗談を飛ばす私を、食堂のおばさんたちはとてもかわいがってくれた。おかげで何度も飯をごちそうしてもらった。

　さらには、「あんたの顔をつぶすわけにいかないから、取引先を変えることもできないよ」と言ってくれるおばさんたちもいた。この時期に身についた礼儀のおかげで、私はいまも目上の人へのあいさつだけはしっかりしている。

　初めの１カ月は社長と一緒に配達に回ったが、ある程度仕事に慣れてからは、ほとんどひとりで全部の取引先を回らなければならなかった。

　結局、以前は２人でやっていた仕事を私ひとりですべてやるよ

うになった。バイクにまたがった私の頭よりも高く積まれたおしぼりの籠を載せ、毎日150キロくらい走り、バイクの達人になった。迷路のような市場の路地を、人をひいたり転んだりすることなく縦横に走りぬける私のバイクの実力は、我ながら神業に近かった。

このようにせっせと働いてみると、最初は30万ウォン〔約３万円。当時の大卒初任給は平均45万ウォン（約4.5万円）ほどだった〕だった月給も35万ウォン〔約３万5000円〕に上がり、社長からも「しっかりした奴」として認めてもらえた。しかし、おしぼり配達を「一生の仕事」だなどと思う人はいないだろう。ほとんどが私のようにバイクに乗りたくて来たものの、思ったより仕事がきつくて数カ月でやめてしまうことが多かった。危険な上、休みも月２回だけでは、長続きするはずもなかった。

だが、私のように家が金持ちでもなく、手に職もない人間にできることといえば、おしぼり配達と大して違わない仕事しかない。頑張って続けているうちに、食堂経営者の知り合いもたくさんでき、同じ職場のおじさん、おばさんとも親しくなった。社長の信頼も厚くなった。会社の金で私を自動車学校に入れてくれ、さらに私が免許を取ったら小型トラックを１台買ってそれを任せるとも言ってくれた。同僚の人たちも、最初は私を「チャン運転手」と呼んでいたが、いつしか冗談まじりに勝手に肩書をつけて「チャン課長」と呼ぶようになった。

そのうちに会社の仕組みにも明るくなり、仕事で知り合った食堂経営者とのコネや経験をうまく生かせば、必ずしもおしぼりに

こだわらなくても、食堂相手の他の仕事を自分で起こすこともできそうだと思った。だが、そのためには金を貯めなければならず、経験も必要だったので、このままあと１〜２年は我慢するつもりだった。

将来に対する怖さで６年ぶりに流す涙

　その間、私は会社の仕事が終わるとバイクに乗って、大邱市内を好き放題に走り回った。その頃、気の合った高校時代の同窓生が何人かおり、彼らはみな大学の入試に落ちて浪人していた。

　しかし浪人生とは名ばかりで、実は大学に進学する能力も意志もないのに親がうるさいので、簡単そうな美大に入ると言って美術予備校に通っていた。

　そして古びた事務所のような部屋をひとつ手に入れて「アトリエ」と称し、何日も家に帰らず仲間同士集まって遊びほうけていた。もちろん、私も同類だったのだが。

　私がバイクを乗り回すのがうらやましかったのか、家出をしてまで親にねだってバイクを手に入れた友達も何人かいた。私は仕事が終わると、毎日のように彼らのアトリエを訪れ、酒を飲んだりバイクで街を走り回ったりした。

　酒に酔って千鳥足になりながら、オートレースをするんだと言っては夜の街を暴走し、アクロバットだと言っては前輪を上げてウィリー走行をするなど、危険な行為を平気でやっていた。

　そんなふうに遊び回っているので、睡眠時間も自然と減り、仕

事中によく居眠りをするようになった。

　ところが私の仕事はバイクで走り回ることだから、居眠りをする場所もバイクの上しかない。交差点で信号待ちをすると、ついウトウトする。青信号になると寝ぼけたままアクセルをかけ、次の赤信号の前でまた居眠りするといった調子で寝不足を補った。それでもまだこうして生きているのだから、あの頃が私の人生で一番運のよい時期だったようだ。

　だが幸運は長続きしなかった。何はなくとも常に酒を口にしていた時分だったが、その日も友達としこたま飲んだ。そして近所のベンチに寝転んで眠ってしまい、秋の早朝の新鮮な空気に寒気を感じて目が覚めた。

　まだ酒が残っていて体を支えるのもやっとだったが、家に帰らなければと思ってバイクに乗った。そして走り出したとたん、いきなり地面が近づいてきたと思うと、そのまま道端に叩きつけられた。片足が倒れたバイクに押さえつけられているのを感じたのと同時に、気を失ってしまった。

　目を覚ますと、ある総合病院の救命救急室だった。意識がもうろうとして、自分がまだ生きているのかどうかもわからなかった。じっと横になったまま、手足の指を一本ずつ動かしてみた。バイクの下敷きになったほうの足がズキズキと痛みはしたが、ひどいけがではなさそうだった。

　そのとき、医師が怒ったような顔で入ってくると、いきなりこう言い放った。「おいこの野郎、救命救急室を酔っぱらいのねぐらだとでも思っているのか？　いますぐ出て行け！」

病院から追い出されたが、足が痛くてまともに歩けない。道端に座り込んでいたら、急に涙がこぼれ落ちた。一度こぼれた涙は、抑え切れないほどあふれ続けた。

小学生のときに父親を亡くして以来、6年ぶりに流す涙だった。あのときなぜ涙が出たのか、いまもよくわからない。特に悲しいとか寂しいとかいう感情はなかった。病院からも追い出された情けない我が身に自分でも呆れたのか、まだ酒が抜けずに感傷的になっていたのだろうか。

だが、この世を生きていくのは大変だという気持ちとともに、将来に対する怖さが、ぼんやりとではあるが迫ってきた最初の瞬間だった。

将来の夢や計画について 考えることさえ叶わない

その年になるまで、私は将来の夢や計画について考えたことがなかった。家庭の事情からすれば、中学を卒業したら実業系高校〔工業、農業、商業、家事などの技術を学ぶ学校。現在は特性化高校と呼ばれる〕に進学して就職を目指すべきだろう。

しかし、みんなが人文系高校〔大学進学を目指す学校〕に行くので、私も何となく一緒の高校に入った。だが、大学に進学するにはいくつかの条件が必要で、私はその条件をひとつも満たしてなかった。

貧しくて学費を払えないことはさておいても、なぜ勉強しなければならないのか、なぜ大学に行くべきなのか、考えたこともな

かったので、大学進学など別世界の話だったのだ。

　うんざりする高校生活をやっと終えると、パワーショベルの助手に始まり、新聞販売店の総務、ゲームセンターのホールスタッフを経て、おしぼりの配達まで、手当たり次第に仕事を探して転々とするうちに、いつしか１年あまりの時間が過ぎた。とても一生をこんなふうに暮らしていく自信はなかった。いまはまだ若いが、いつまでこんなことを続けられるのだろうか。

　ことわざに「転がってきた石が埋もれた石を取り除く〔外部から来た新しいものが古いものを追い出す〕」とあるが、ふと浮かんだこの思いは意外にしつこく、頭から離れようとしなかった。

　昼は配達族、夜は暴走族となり、曲芸のようにバイクを乗り回し、友達と一緒にワイワイと飲んだり遊んだりしながらも、いつしか心の片隅には疑問や虚しさが積み重なっていたようだ。

　一度頭をもたげた将来への不安感はどんどん膨らみ、私の意識を縛り付けた。

　この状態で私が抱くことのできる夢といえば、おしぼり会社で経験を積み、自分で事業を起こすことくらいだった。しかし、それは文字通り夢に過ぎない。

　事業を始めたからといって儲かる保証があるのか？

　たとえ儲かったとしても、町内の食堂を相手におしぼりを配達してどれほど儲かるのか？

　これ以外には本当にやることがないのか？

　これがすべてなのか？

　次第に私の心は、洗剤と消毒剤の臭いが充満するジメジメした

おしぼり工場から離れていった。

大学は新しい経験をさせてくれる場所

　高校時代、喧嘩に明け暮れていた私とは違って、真面目に勉強に打ち込んでいた友達がいた。名をホ・ナムジンという。彼と親しくなったのは、小さな出来事がきっかけだった。

　彼がある日、いきなり私にこんなことを尋ねてきた。自分が通っている塾で出会った女子生徒のことが好きになったのだが、どうしたらいいか、というのだ。その方面では私のほうが一枚上手だと思ったのか、それとも思い詰めて誰でもいいから捕まえて話したかったのかはわからない。

　だが、別に親しくもない私に悩みを打ち明けてくれた彼のことが気に入り、それをきっかけに私たちはかなり親しくなった。私がパワーショベルの見習いをしている間に、彼は高麗大学〔私立の名門で、延世大学と並び日本の早稲田・慶應に相当する〕に合格した。

　おしぼり会社で働く前、ソウルへ行って彼に会いに高麗大学を訪れたことがあった。春のうららかな気候と学生たちの明るい表情、新鮮な若さが相まって、幻想的な風景をつくり出していた。そのとき、私はまったく新しい世界を見る胸の高鳴りと、自分とは縁のない別の国、別の世界を覗き見るようなもどかしさを同時に感じた。

　数カ月前に見た高麗大学の光景が、しきりに目の前にちらつく

ようになったのもその頃だった。

「韓国の教育制度にいくら問題が多いといっても、大学という世界はそれでも間違いなく、精神的にも知的にも新しい経験させてくれる場所だよ。早くから社会に出るのも悪くないけど、どうせ大人になったら勉強したくてもできなくなるから、新しい世界も一度は経験してみたほうがいいんじゃないか？」

ナムジンは私にこう言った。

どのみちやり直しはできないと思って半分聞き流していたが、それは数カ月後に重要な意味を持って私に迫ってきた。実に不思議だった。喧嘩も、酒も、バイクも何もかもがつまらなくなり、すべてが疑わしく思えたあの頃、それまで一度も感じたことのない情熱がいまさらのように燃え上がり始めたのだ。

春の日に見た高麗大学のキャンパスが、幻想のなかでぐらぐら煮えたぎった。

李箱〔1910-37　前衛的な詩や小説を次々発表して天才作家と呼ばれたが、東京留学中に26歳で死去〕の小説『翼』の主人公が、わきの下の翼の痕跡がむずがゆくなって、飛び上がろうともがいたように、私の心の奥にも熱望が燃え上がった。

「飛んでみよう、もう一度だけ」

夢にも思わなかった「大学」という場所が、突然私に残された唯一の代案として浮上した瞬間だった。

勉強は人生の流れを 変えるための、 私自身が選んだ最後の道

高校を卒業してちょうど1年後、私はおしぼりを山のように積んだバイクを予備校の玄関前に止め、予備校の「クラス編成テスト」を受けた。

その予備校は高校の成績に従い、「ソウル大クラス」「延世・高麗大クラス（延高大クラス）」「一般クラス」に学生を振り分けていたが、私の高校時代の成績では「延高大クラス」には入れなかったため、改めてテストを受ける必要があったのだ。

高校時代にも勉強しなかったが、卒業後の1年間、一度も教科書を開いたことがないありさまだった。だから受け取った問題用紙を見ても、解けそうな問題は1問もなかった。

テストは3時間に及んだが、おしぼりの配達で寒い戸外を走り回った後で、暖かい予備校の教室でわからない問題を前にして座っていると、ただ眠くなるばかりだった。「ええい、なるようになれ。一般クラスに入るしかない」と腹をくくって、死んだように眠ってから予備校を後にした。

予備校の開講まであと4日となった2月14日は、旧正月の祭日だった。おしぼり会社とは2月13日に別れを告げた。旧正月

の夜、私はそれまでの遊び仲間たちに会い、浴びるほど酒を飲んだ。彼らには黙っていたが、私はこの日を「最後のパーティー」にすると心に決めていた。

「今日が最後だ。明日からは新しい人生を始めるんだ」

　騒がしい雰囲気のなかで酒を飲みながら、私はずっとこんなふうに気持ちを整理した。そしてその後、それは事実となった。

起きている時間のすべてを勉強に充てる

　開講初日、予備校に行ってみると、掲示板にクラス編成テストの結果が貼り出されていた。何気なく名簿を眺めると、いったいどうしたことか、延高大クラスに私の名前がしっかり書かれているではないか。テストの間ずっと寝ていた私はとても信じられず、何度も見返してみたが、間違いなく延高大クラスだった。

　それは実は、入試で失敗した浪人生たちに予備校のテストでも落ちたという挫折感を抱かせないための、予備校側の配慮だったのだ。だが、それでも私は、本当に延世大や高麗大に合格でもしたかのように気分がよかった。

　ナムジンは大学を「新しい世界」と表現したが、私にとっては予備校からして、すでに新しい世界だった。同じ教室で学ぶ浪人生たちの顔を見ても、これまで私が付き合ってきた人間たちとは大違いだった。

　1年間を工事現場と市場を歩き回りながら、私は人生のつらさと重さに疲れた、険しい顔ばかりを見てきた。ところが予備校に

入ってみると、どの顔も色白で、柔らかいうぶ毛に包まれており、何だかおとぎ話のなかの王子やお姫様のように見えた。

　さらに白く塗り直した教室の壁は爽やかなペンキのにおいが漂い、新学期に合わせて交換したのか、雪のように白い蛍光灯の光までが、おしぼり会社の薄暗い事務室に比べたら、天国のようだった。

　<mark>信じられないだろうが、この時期の私は、起きている時間のすべてを勉強に充てていた。</mark>朝起きて予備校まで歩く短い時間にも、勉強のことを考えていた。休み時間も、昼飯と夕飯の弁当を食べている間にも参考書を読み、しばしば夜10時に夜間自習の時間が終わって他の浪人生たちが帰ってからも、「あと少し、あと少しだけ」と思いながら机に向かった。そんなときは、1階の玄関に下りていくとすでにドアは施錠されていて、管理人のおじさんに怒られながらカギを開けてもらって帰ったものだ。

　こうして勉強して家に帰ってからも、母親がつくってくれた夜食をとると、遠くから列車の汽笛の音がかすかに聞こえてくる明け方まで、教科書に顔をうずめていた。

予備校に入った目的はただ勉強するため

　私は、予備校で新しい友達をつくろうとは思わなかった。これまでの友人たちとの付き合いで、遊ぶのはもう十分だと思ったからだ。

　予備校に入った目的はただ勉強することだったため、中学時代

の友達にそこで偶然会っても付き合うことなく、予備校生たちの
なかでひとり沈黙の島をつくり、朝から晩まで机に向かっていた。
こうして１日、２日、１週間、10日と過ごしてみると、ひとつ
のことにこれほど集中できる自分自身があっぱれに思えた。

　どうしてこれほど勉強に打ち込めたのか。

　理由は簡単だ。自分がやりたくてやっていたからだ。**勉強は、
望まない方向へ流されていく人生の流れを変えるための、私自身
が選んだ最後の道**だったからだ。
　高校生の本分を忘れてやりたい放題の生活をした経験から、私
は知っていた。やるべきことから逃げて一度でも道を踏み外せば、
日に日に生活は乱れ、ついには自分でもどうにもできなくなる、
その恐ろしさを……。だから**勉強を始めるときから、一分の隙も
自分に許してはならないと、心を引き締めた**のだった。

真っ白な紙が墨を吸うように
勉強にのめり込む

　基礎的な実力がないので、やるべき勉強は山ほどあった。予備校の授業とは別に、国・英・数の全範囲をひとりで勉強しなくてはならなかった。

　英語の授業時間に先生が仮定法の説明をしていても、仮定法がいったい何なのかわからず、家に帰って文法書を広げて仮定法過去完了、過去形、未来形を覚えた。

　大学入学共通テストを受けたことがないので、どう勉強していいかもわからず、ひたすら教科書と予備校の教材、教育テレビの教材などを頭から読んでいった。

　しかし、勉強するのは意外に面白かった。**試験でよい点を取ろうという考えもなく、全然知らないことをひとつずつ覚えていくという、まったく新しい経験にのめり込んだ。**

　知識を得ることが、これほどの喜びを与えてくれるとは思わなかった。私と同じ年齢の浪人生ならすでに２浪だから、予備校の授業はすべて知っていることばかりで飽き飽きすることだろう。

　だが私にとっては、まるで白い紙が墨を吸い込むように、すべてが新鮮で、不思議で、そっくりそのまま頭のなかに入ってくる

ような感じだった。

「ロンドンはソウルよりずっと北にあるのに、なぜ冬はソウルのほうが寒いのか」。例えばこんな問題について、地理の勉強ではこう教わる。「大陸の東岸に位置するソウルはシベリアからの冷たい北西の季節風の影響を受けるが、海洋性気候のロンドンは温かい偏西風とメキシコ暖流の影響を受けるためだ」。そのことを知ったとき、それは私にとって喜びだった。

高校時代にはこんな用語がただややこしく煩わしいだけで、とにかく無条件に頭に叩き込むしかないと思っていた。ところが、大陸の東岸に位置するということがどういう意味なのか、シベリア高気圧はどのように生まれるのか、メキシコ暖流はどうやって生まれ、どこへ流れていくのかを理解してみると、もはやこれらの用語や文章は苦痛ではなくなった。

勉強も人間と同じで、表面だけ見ているとよそよそしく取っ付きにくいが、先入観を捨てて近づき、詳しい話を聞いてみれば、理解できないことはないと気がついた。

教科書を読んで喜びを感じ、問題を見て感銘を受ける

ある日、国語の問題集を見ていたら、問題文に徐廷柱〔1915-2000 詩人〕の「帰蜀途〔死別した最愛の人への恋しさをホトトギスの鳴き声に託して詠んだ詩〕」という詩が出てきた。もちろん、私はこの詩を読むのは初めてだった。1行1行、集中して読んでいった。そして天の果てへと旅立った愛しい人を呼ぶ部分

で、ぐっと喉が詰まるのを感じた。肌があわ立つような感動だった。いまもこの詩を思い出すと、広い秋の空へ何か大切なものが飛んでいってしまったような感じがして、胸がひりひりしてくる。

　地理の教科書を読んで喜びを感じ、国語の試験問題を見て感銘を受ける。そう言うと変に思われるかもしれないが、当時は勉強が本当に面白く、満足感を与えてくれたのだ。

　だから私は独立運動家の金九〔キム・グ〕〔1876-1949　上海に亡命し、大韓民国臨時政府主席として活動〕先生の「お前の念願は何か、と神から聞かれたら、私はためらうことなく『大韓の独立です』と答えるだろう」という言葉をまねて、ひとりつぶやいたものだ。

「この世で一番面白いことは何か、と誰かから聞かれたら、私はためらうことなく勉強だと答えるだろう」

成績よりも勉強自体の面白さに燃える

　そうやって１カ月が過ぎた。忘れもしない３月29日、最初の模擬テストを受けた。当時の共通テストは、体力テストの点数20点を含め340点満点だった。

　テストの後、１問ずつ自己採点していた私は、胸がドキリと鳴り、顔が上気するのを感じた。続けてにんまりと満足の笑みを浮かべた。200点！　体力テストの点数も足せば、レベルの低い４年制大学なら合格できる成績だ。

　予備校に入学したときのクラス分けテストでは解ける問題がなくて、ただ寝ていただけだった。なのに、それから１カ月ちょっ

とでこんな成績が取れたのだから、これは尋常ではない。まともにテストを受けたこともなかったが、高校のときは夢にも見たことのない点数だった。

　私はその日、道行く人を片っ端から捕まえて、「私は模擬テストで200点取りました！」と自慢したいほどの興奮を覚えた。当日の日記で、私はこう書いた。

> 　今日、3月の模擬テストを受けた。とてもいい点数が取れて、これまでの懐疑と不安から抜け出せそうだ。もちろん、まだ心から満足できる結果ではないが、今後の受験生活にかなり役立ちそうだ。自信と確信という大切な精神的土台を与えてくれたと言える。
> 　今日の1日のおかげで、過去の1カ月の生活が決して無駄ではない、価値あるものだとわかった。これからもじっくりと、ひとつずつ、今日を上回る結果が得られるよう努力していこう。

　勉強すればするほど、成績も着実に上がっていった。5月の模擬テストは250点を超えた。延世大と高麗大を目標にしていた私は、いっそう勉強にのめり込んだ。だが、奇妙にも6、7月になると、前より頑張っているのに成績はピタッと足を止めて、上がらなくなってしまった。

　「今月は頑張ったから成績も上がるに違いない」と思ってテストを受けたのに、前回と点数は変わらなかった。前回のテストで失

敗した数学でいい点数を取ったかと思うと、国語では点数が下がり、全体の点数は上がらない。そんなもどかしい結果が数回続いた。だが、当時の私は、成績よりも勉強自体の面白さに燃えていた。

「一流私大に行けないといって、それが何だ。勉強がこれほど面白いのだから。もう少しレベルの低い大学に行っても、こんなふうに勉強を続けたらいい」

こんなふうに自分を慰めた。

「合法的に」休む

勉強にのめり込んでいた私にも、「合法的に」休む日があった。1カ月に1日の模擬テストの日には、きまって同じクラスのクォン・ビョンソク先輩と、近くのマッコリの店を訪れた。ビョンソク先輩は私より5歳年上だったが、高校卒業の年に入試に合格したのに、その大学が自分の適性に合わないので中退し、兵役を終えてから再び大学入試に挑戦していたのだ。

ビョンソク先輩は家庭事情が苦しく、日雇い労働で稼いだ金を学費に充てていた。ところが、私のサイフには1000ウォン〔約100円〕1枚すら入っていない日が多かったので、私は先輩に食事をたびたびおごってもらい、お金を借りて返せないことも多かった。

酒が入ると私は浮かれていろいろな話を口走ったが、それでも先輩は私の話に真面目に耳を傾けてくれた。心を開いて気持ちを

打ち明けられる相手がいなかった私にとって、先輩は精神的・物質的に大きな支えだったのだ。

エアコンが動かない教室で
参考書に顔をうずめる

　8月の第1週は夏休みだった。予備校生の大半も、このときばかりは山や海へと遊びに出かけた。しかし、私は3階の延高クラスに置いてあった自分の参考書類をすべて持って、1階のソウル大クラスに移った。

　夏休み中なのでエアコンが動いていない教室は、窓という窓が大きく開かれていた。教室には私を含め数人の浪人生たちがポタポタ汗を垂らしながら、参考書に顔をうずめていた。

　2学期からは本格的に共通テストに備えるための勉強を始めた。国・英・数は、本番の共通テストと同じ形式でつくられた予備校の模擬テストと教育テレビの問題集を、毎日1回分ずつ解いていった。暗記科目は1学期にあれこれ漁ってみたいくつかの教材のうち、一番気に入ったものを科目別に1冊ずつ選び、毎日2、3科目ずつ、無理のない範囲でできる量を決めて勉強していった。

　永遠に終わりそうになかった暑い8月が過ぎ、9月になった。秋を迎えると、私は教室の最前列に座り、隣やすぐ後ろの席の学友たちとも一言も話さず、ただ参考書だけを見て過ごした。

　9月の模擬テストで、ついに270点台を取った。回し車を回るリスのような、数カ月におよぶスランプから抜け出したのだ。予備校全体での順位は17位。その予備校では、全体の20位以内に

入れば奨学金をくれた。10位から20位までは授業料の３分の１、５位から10位までは２分の１、５位以内に入れば授業料全額が免除された。おかげで私も奨学金をもらうことができた。

高得点者の仲間入り

　10月半ばから11月初めまでは「配置テスト」といって、５回連続でテストを受けた。このテストの成績が、入学願書を書くための直接の資料となる。

　１回目のテストでは270点台を守った。続けて２回目を受けたが、何となくいつもと違う感じがした。当時の共通テストは340点満点だったが、私のような平凡な人間にとっては300点を超えるのは「登ることのできない木」のようなものだった。300点以上を取れば、ソウル大のまずまずの学部には合格できる成績だった。

　ところが、勉強を始めて１年にもならないのに、第２回配置テストを受けた瞬間、ひょっとしたら300点超えを達成できるかもしれないという予感がしたのだ。

　テストが全部終わっても、いつもと違ってその場で自己採点する気にならなかった。本当にそんな「奇跡」が起こったら、その衝撃に耐えられそうになかったからだ。

　私はビョンソク先輩を訪ねた。私がソウル大クラスに移ってからも、先輩は延高大クラスに残っていたのだ。成績が思わしくなかったのか、先輩の表情は暗かった。

「テストはどうだった？」

　ビョンソク先輩からそう聞かれた。

「悪くなかったよ」

「何点ぐらい取れた？」

　先輩がニヤリと笑みを浮かべて、また質問した。

「まだ採点してない。先輩は採点したの？」

　私はニッコリ笑って、ねだるように先輩に催促した。

「ただでさえテストで失敗して気分が悪いのに、点数なんか言えるか。さっさと自分の採点をしろ」

　それでも自己採点する気にはならなかった。何度か先輩から催促されて、やっと１科目ずつ採点を始めた。いつもより間違いが確実に少なかった。そんな傾向が続くと、だんだん鉛筆を持つ手が震え始めた。横で採点するのを見ていたビョンソク先輩が感嘆の声を上げると、他の学生たちも集まってきた。最後に採点した科目は、間違いがひとつもなかった。ドキドキしながら、点数を合計する。

「282点だ！」

　興奮と喜びで理性を失った私は、両腕を突き上げて歓声を上げながら、ビョンソク先輩と抱き合った。体力テストの点数を合わせると302点。夢のようだった300点台の高得点者の仲間入りをした瞬間だった。

無情にも突き付けられた不合格の知らせ

「スンス、どこを受けるんだ？」

「延世大の法学科を受けようと思います」

「だめだ。あそこは難しい」

　11月末、大学の願書を書く前に、予備校の担任と面談した。私は延世大法学科を希望していた。特に理由はなかったが、そもそも受験勉強を始めるとき、延世大か高麗大あたりに行きたいと思っていたからだ。

　法学科を志望したのも、明確な信念があってのことではない。商業や経済方面にはもともと適性がないし、哲学や文学、考古学などの人文学には関心があったものの、貧しい家庭の長男という現実に照らして、受験対象から外すしかなかった。

　一方、法学は競争の厳しい司法試験を目指すかどうかはさておき、どのみち人間の活動はすべて法律に関係するのだから、卒業後の進路の幅が広がるだろうと単純に考えたのだ。

　配置テストの成績だけ見れば、延世大法学科は合格圏内にあった。だが、問題は内申書だった。勉強から完全に遠ざかっていた高校時代の成績が、よいわけがない。それでも内申点10等級の

うちの５等級をもらえたのは、本格的に遊び始める前の１年生の成績のおかげだった。出席点も、５等級のうちの３等級だった。延世大法学科の志願者は１等級か２等級ばかりなので、私はかなり点数を引かれることになる。

　予備校の先生は、内申点も問題だが、模擬テストの点数が急に上がったので、一番いい成績は基準にならないと言って、目標を下げるべきだと断言した。私は納得できなかった。成績が上がってきたのだから、これからさらに高い点数を取ることもできると考えられるではないか。

　しかし、先生はむしろ点数が下がる可能性だけを考えていたのだ。成績が目覚ましく上がって浮かれていた私は、がっかりして高校を訪れた。

２年ぶりに母校へ

　喧嘩に明け暮れた末に、パワーショベルの技術を学ぶと言って逃げるように学校を去った奴が、共通テストで300点以上の高得点が狙える受験生となって２年ぶりに舞い戻ると、先生たちはあぜんとした顔で私を見つめた。進路について相談すると、「でかした！」と言って褒めてくれる先生もいたが、やはり現実的な見解では予備校の先生と似たようなものだった。

　学校と予備校の両方から、延世大や高麗大は難しいと言われたが、私はそう難しくはなさそうだと思い、結局は高麗大の政治外交学科に願書を出すことにした。

私の2歳下の弟は、一日中悩んだ末に、高麗大経済学科に願書を出した。うまくすれば兄弟そろって同じ学校に通えるかもしれない。いま思うと、もし本当にそうなったとすれば、我が家の経済状況から見て「天文学的な額」の学費を払えず、2人とも勉強を続けられなかっただろう。

不発に終わったテスト

　テストの前日、ソウルに上京した弟と私は、鷺梁津_{ノリャンジン}の叔父さんの家に向かった。鷺梁津から安岩洞_{アナムドン}の高麗大学まで、かなりの距離がある。入試日に付き物の交通渋滞に加え、12月というのにしとしと雨まで降っていたので、遅刻するのを心配した叔母さんが夜も明ける前から私たちを起こしてくれた。ふだんから夜中の2時過ぎまで勉強しているので、私は3、4時間しか眠れず、朝食もそこそこに、あたふたと試験会場へと急いだ。コンディションは最悪だった。

　1限目は国語と韓国史、2限目は社会と地理、そして数学のテストを終えて会場を出たが、問題が予想外に易しい気がした。弟も同じ感想だった。ほとんどの受験生は、テスト問題が簡単なほうがうれしいだろう。

　だが、私はそんなに余裕のある立場ではなかった。むしろテストが易しければ易しいほど、私にとっては不利だと思っていた。内申点の差をテストの点数でカバーできなくなるからだ。

　心配は的中した。昼食後の3限目と4限目のテストもやはり簡

単で、その結果300点以上の高得点者がいつも以上に多かったの
だ。テストを終えての帰り道も、気分は晴れなかった。

　ふだんの模擬テストでは、最初はわからず飛ばしておいた問題
も他の問題を解いてから見直すと理解できたり、問題文からふっ
とヒントが頭に浮かんで簡単に解けたりするなど、自分でも不思
議な経験を何度もしたことがあった。

　例えば模擬テストの地理のテストで、西海岸高速道路の起点と
終点を書けという記述問題が出たことがある。初めて見る問題だ
ったが、韓国の地図を頭に浮かべながら、西海岸に高速道路が建
設されるとしたら、仁川（インチョン）から木浦（モッポ）あたりになるだろうと予想した。
そして自信満々に「仁川、木浦」と書いたが、あとで調べてみる
と正解だった。しかし、いざ本番になると、そんな潜在力は期待
できそうになかった。

　テストではそれまでに暗記した内容をもとに、機械的に解ける
問題がある。だが、そんな問題ばかり解いても、高得点を出すこ
とはできない。類推力と思考力が求められる問題もすべて解かな
いと、満点は狙えないからだ。その手の問題がすらすら解けた日
は、集中して一日中テストに取り組んだ後も、何だかスッキリし
て安らかな気分になれたものだ。

　ところが今回の入試では、まったくそんな気分になれなかった。
翌日の面接を受けて弟とともに大邱に帰った。そして新聞に掲載
された問題と正解を広げて、自己採点してみた。弟と私は２学期
に入ってから成績が逆転し、模擬テストの点数は私のほうが高か

った。だが、本番の結果はまったく逆だった。弟は問題が簡単だったことを反映するように、いつもより15点ほど高い280点台を取ったが、私は予想外の270点台に留まった。

本番に力を出し切れなかった

　合格発表の日が近づいてきたが、まったく期待はしていなかった。配置テスト以上の高得点でも合格すれすれなのに、かえって点数が下がったのだから、奇跡でも起きない限りとても合格は無理だ。だが、もしかしてという思いで、合格者問い合わせの電話を掛けてみた。

　呼び出し音に続き、受験番号をプッシュとの自動音声が流れた。電話機のボタンで自分の受験番号をひとつずつ押していく。

「受験番号＊＊＊＊番は、政治外交学科に志願したチャン・スンスさんです」

　ハラハラしながら、次の言葉を待つ。

「不合格でした」

　最後に残った一筋の希望すら無残に踏みにじられてしまった。

　予想通りではあったが、そばにいた母と弟に何も言えず、もぞもぞと自分の部屋に閉じこもった。１年近く最善を尽くしたにもかかわらず、最後の決戦の瞬間に力を出し切れなかった無念さが残った。

　だが、いつまでもそんな気持ちを引きずっているわけにはいかない。足元に火が付いたのだ。家では弟の学費問題が新たな頭痛

の種になった。健康が極度に悪化した母はかなり前から仕事ができず、実質的な大黒柱だった私も1年間にわたる試験勉強で、金を稼ぐことができなかったので、家に金があるわけがない。とりあえず借金をし、私が金を稼いで返済することにした。幸い、ビョンソク先輩が蔚山の工事現場の仕事を紹介してくれた。

「兄さん、ごめん」

　大学に合格してもうれしい顔ひとつできず、弟は私にひとこと言った。

たったひとりの弟に
こんな思いをさせていたなんて

　弟は子どもの頃から我が家の希望の星だった。生活が苦しいなかでも、たゆまず勉強を続けた。特に弟が中3のときは、そばにいた兄が目に余る不良行為を繰り返していたのに、よくぞ勉強に集中できたものだ。

　私から見ても、弟は秀才型ではない。中2のときも、クラスで中あたりの成績だった。ところが2年から3年に上がるとき、ひとつ決意したという。1年上の先輩たちの卒業式で、成績優秀者が多くの生徒と保護者の前で表彰される姿を見て、自分も1年後にはああなりたいと思ったのだそうだ。

　そして1年後、弟はその決意を実現した。卒業式で優等賞をはじめ、賞という賞をかっさらったのだ。私はこんな弟がとても誇らしかった。その当時、友人たちに弟の自慢をどれほどしたことか。いまも私の友人たちの間で、弟は「あの勉強ができる子」として語り草だ。

　高校2年の始業式の前日、弟は思わぬ事故に遭った。通りを歩いていたとき、運転初心者に背後から車をぶつけられたのだ。その日も母は早朝から仕事に出ており、私はパワーショベルの助手

の仕事をしていた。

　仕事を終えて帰宅し、暗い部屋の明かりをつけるより先に、電話のベルが鳴った。聞いたことのない女性の声で、驚かないでほしいと前置きして、しきりに謝りながら、弟が事故に遭ったことを告げられた。その瞬間、心臓がドキンと音を立てた。

　救命救急センターに飛んでいくと、弟はベッドに横たわり、両足とも足の先から太ももまで分厚いギプスで固定されていた。医師の話では、両膝の靱帯がひどく損傷しているので、膝をピンで固定する手術をしなくてはならないと言った。いまでも弟の膝には金属製のピンが打ち込まれている。

　その事故のせいで、弟は高2の初めの黄金期である3カ月を、病院で横たわったまま過ごすことになった。私はいまでも、あの事故さえなければ、弟は大学入試でずっといい成果を上げられただろうと信じている。

なけなしの金でスクーターを買う

　私が受験勉強を始めた年、弟も高3になっていた。私と弟はそれぞれ予備校と高校で夜間自習を終えて帰ってくると、机が2つ並んだ狭い部屋で、兄弟並んで深夜まで勉強した。

　その年の6月、我が家はまた引っ越しした。当時、すでに状況は切迫しており、家賃の安いアパートを探し回っていた。それでも不思議と生きていく道は見つかるもので、ちょうど弟の事故の補償金が多少あり、さらに母方の叔父の支援もあって、八公山の<ruby>八公山<rt>パルゴンサン</rt></ruby>の

ふもとの不老洞<ruby>不老洞<rt>プルロドン</rt></ruby>にある土レンガ造りの家を買って引っ越したのだ。

　古くおんぼろの家だったが、それでも「マイホーム」なので、うれしくてたまらなかった。しかし、そのおかげで弟と私の通学時間は大幅に延びることになった。まだしも私は予備校までバスで40分ほどだったが、弟は市内バス路線の端から端まで片道2時間もかけて学校まで通わなくてはならなかった。

　高3の受験生が毎日往復4時間もかけてバスで通うなど、とても話にならないことだ。考えた末、大枚10万ウォン〔約1万円〕をはたいてガタガタ音を立てる中古スクーターを1台買った。弟は数日間、このスクーターに乗って都心のラッシュをすり抜けながら学校に通った。

　ところがある日、私が予備校で自習を終えて帰ってくると、弟から電話があった。例の中古スクーターのエンジンがかからず、家に帰れないというのだ。隣の家に住んでいた従兄のバイクを借りて、弟を迎えに行った。バイクに関しては神業を誇る私でも、故障したスクーターのエンジンはかからなかった。仕方なくロープで2台を連結した。

　ラッシュアワーも終わった夏の夜半に、兄弟がバイク2台に前後にまたがって都心を縫って帰る道は、何となく風情があった。その一方、1分1秒を惜しむべきときに、どうしてこんなことで時間を無駄にしているのかと思うと、もどかしくもあった。

1坪もない部屋での学生生活

　弟は帰宅途中でスクーターを売り払い、代わりに自転車を買った。そのときから半年以上、雨の日も雪の日も自転車で通学した。まだ本調子でない足で、20kmは優に超える学校までの道のりを自転車で通う弟を見るたび、私は気が気でなかった。

　すでに成人した大の男が母と弟に苦労をかけていると思うと、ただちに勉強などやめて、稼ぐために働きたい気分になった。受験勉強をしている間、私が一番憂鬱で耐えがたかったことだ。

　もちろん私も頑張ったが、弟も高3のときは横から見ている私も驚くほど勉強に打ち込んでいた。まず学校に行って席に着いたら、トイレに行く以外はずっと座りっぱなしだったという。トイレに行くにもできるだけ時間を節約するため、休み時間が終わる頃に稲妻のようにダッシュで済ませたそうだ。弁当のときもクラスメートたちと一緒に食べると時間が余計にかかるので、ひとりでさっと食べて、口をすっと拭ってから、また勉強を開始した。

　そうやって懸命に勉強した末に入学した大学だったのに、弟の財布の中身は学生証しかなく、いつも空きっ腹を抱えて学校に通っていたが、結局は1学期で休学せざるを得なかった。2学期の授業料はもちろん、当面の生活費すらままならなかったからだ。

　弟が休学して家に帰ってきたとき、荷物を全部運びきれなかったというので、私が日曜日にソウルに行った。弟は高い下宿代を節約するため、月8万ウォン〔約8000円〕の考試院〔ベッドと

机の置かれた狭い簡易宿泊所。元は受験生のための貸し勉強部屋〕で寝起きしていた。

　そのとき私は、弟の暮らしていた考試院という場所を初めて目にした。故郷を離れての独り暮らしは苦労が多かろうと思ってはいたが、これほどとは知らなかった。

　部屋の広さは１坪もなく、それも机が半分以上を占めており、椅子を机の上に載せなければ足を伸ばして寝ることもできなかった。四方には天井まで間仕切りがあり、机に付属する蛍光灯を消すと、まるで棺桶のなかに入ったような気になる。弟はそこで布団もないまま、母が入学祝いに買ってくれた冬物のジャンパーをかぶって過ごしていたのだ。

　荷物をまとめてバス停に向かうために外に出ると、弟の大学の友人たちが後から出てきた。私は彼らの前で顔を上げることができなかった。「兄として、しかも健康なのに、たったひとりの弟にこんな思いをさせるなんて……」という声が、耳に響いてくるようだった。

　大邱に帰った弟は、学費稼ぎのためにアルバイトを探した。家庭教師のバイトは知り合いから紹介される場合が多いが、周囲の親戚や友人たちには、弟に家庭教師を頼む余裕のある人はいなかった。

　結局、あれほど苦労して入った大学で勉強もろくにできずに都落ちした弟は、近所のカラオケボックスの店員として働くしかなかった。

工事現場で働く受験生

　ある年の冬、私は蔚山行きのバスに乗り込んだ。舗装されていない田舎道を走って到着した山のふもとでは、温泉の開発が盛んに行なわれていた。温泉への入口の橋の工事現場で、私は現場作業員の登録をした。

　このときから、私の本格的な日雇い労働人生が始まった。橋などのコンクリート建造物をつくるには、まず材木とベニヤ板で型枠を組む必要がある。

　次に鉄筋工事の技術者が枠のなかにコンクリートの骨組みとなる鉄筋を配置し、そこへドロドロした生コンを注いで養生を行なえば、鉄筋コンクリートの建造物が完成する。私の仕事は、大工による型枠の組み立て作業がスムーズにできるよう、材木やベニヤ板などを運ぶことだった。

　工事現場での初めての肉体労働は楽ではなかった。年配で体格も華奢に見えるおじさんたちでも、セメント袋を2つ、3つと担いで軽々と運んでいるのに、私はいくら頑張っても1袋も持てなかった。

　単純に考えれば、力のある人なら物を運ぶのも得意だと思うか

もしれないが、実はそうではない。そこにはコツが必要だ。誰か
が教えてくれるわけでもなく、自分の体を使って試行錯誤しなが
ら経験で身につけるものだ。

　しかし、工事現場が初めての私には、そんな経験知があるはず
もなかった。仕事が進まないので、時間も耐えられないほど長く
感じられた。まだ真冬なのに、汗をタラタラ流しながら働くとき、
頭のなかでは早く休み時間、飯の時間が来ることだけを願ってい
た。さんざん働き、もうそろそろ休み時間だろうと思って時計を
見ると、なんとまだ5分しかたっていないのだった。

　午後6時になると、その日の仕事が終わる。一緒に働いていた
おじさんたちはみな家が蔚山なので、朝乗ってきたバスに乗って
帰ってしまう。私だけ現場でひとり寝なくてはならなかった。

つらい労働の1日

　私が働いていた橋の工事現場から丘をひとつ越えると、温泉リ
ゾートの開発現場があった。そこには作業員用の食堂があり、住
み込みの作業員のための宿所も用意されていた。仕事が終わると、
すでに闇が迫る丘を上って、その食堂に行って夕食をとり、宿所
に付設された簡易洗面所で適当に体を洗う。そしてまた橋の工事
現場へと戻って眠るのだ。

　ベニヤ板を組み合わせてつくられた粗末な掘っ立て小屋、そこ
が私の寝床だった。床に敷かれた厚い発泡スチロールの上に電気
毛布を1枚敷き、安物の掛け布団を1枚かぶって横になると、風

の音の合間に鳥の声が聞こえてきた。疲れと眠気に襲われ、母親のことを思い出す暇もなく眠りに落ちるのが常だった。

　夢も見ずにいつしか明け方になり、喉がカラカラになって目が覚めると、食堂でコーラ瓶に入れておいた麦茶は、ガチガチに凍っていて唇を湿らすこともできなかった。朝6時になると、きまって蔚山から来る作業員たちを乗せた乗合バスが到着する。そしてまたつらい労働の1日が始まるのだった。

上司にかみつき、仕事を辞めて……

　工事現場には作業班長がいる。私のような下働きの作業員を取りまとめる、いわば現場監督だが、同じ荒仕事をしていても、どんな班長の下で働くかによって、現場は天国にも地獄にもなった。

　私は班長からよくいじめられた。最初はとにかく仕事ができないので叱られるのは当然だと思って、ぐっとこらえた。だが、しばらくたってみると、そうではないことがわかった。この班長は私だけでなく、自分よりずっと年上のおじさんたちにまで暴言を投げつけ、ささいなミスを突いてはひどい恥をかかせるのだ。みんなの間で、その班長への恨みの声が広まった。特に私は初心者だし、体が小さく、年も一番若かったので、日に何度も班長から怒鳴りつけられた。

　そんなある日、もう私もかなり仕事に慣れて、他の人と同じくらいにできるようになったと思っているのに、また班長からくだらない難癖をつけられた。これまでじっと抑えてきた感情が一瞬

で爆発し、私も食ってかかった。父親ほどの年齢の相手の襟首を
つかむ騒ぎを起こしたので、その現場ではこれ以上働けなくなっ
てしまった。

借金を抱えて大学どころではない

　1カ月で追われるように大邱に帰ってきた私は、求人広告をめ
くりながら新しい仕事を探した。すると家庭用プロパンガスを配
達するバイク運転手の募集広告が目に留まった。おしぼりの配達
で高い授業料を払ったおかげで、バイクだけは自信があった。仕
事が大変で危険な代わりに、月給は悪くなく、ときどき副収入も
あるという文句に、一も二もなく応募した。

　ほとんどのプロパンガス会社では、配達の運転手を会社に住み
込ませている。早朝と深夜とを問わず、ガスの注文があるからだ。
だが、私が働いていた会社では、運転手がひとりだけ住み込みを
して、残りはみな自宅から出勤していた。公式に決められている
勤務時間も朝7時半から夜9時半まで。どんな仕事でも同じだが、
勤務時間は増えることはあっても、減ることはほとんどない。休
日は月2日しかなかった。

　一般家庭で使われるプロパンガスのボンベの重さは26〜27kg
ほどだが、このボンベに入る液化ガスの重さは20kgだ。だから、
いざ配達するとなると、私の体重ほどもあるこのボンベをオート
バイに積まなくてはならず、さらに目的地に到着すると肩に担い
でボンベの置き場所まで運ばねばならない。注文が多いときには、

このガスボンベを日に50本以上も運ばねばならなかった。１日の仕事が終わる頃には手がしびれて、自分の手か他人の手かわからないほどだった。

　大学に行きたくて必死で勉強したが、大学を見学する暇もなかった。受験に再挑戦したかったが、予備校の学費は底をつき、弟の授業料と生活費を稼がねばならず、さらに借金まで抱えているとあっては、自分の大学のことは二の次だった。

　他の受験生たちはすでに入試の準備を始めて、ずっと前を走っているのに、こうしてガスボンベを担いで歩き回る自分の身の上が哀れでならなかった。春が来たのに、まだ朝晩はバイクに乗って走っていると、服の隙間から吹き込む風が冷たかった。身も心も寒い季節だった。

惨めな人生から抜け出したいのに

４月12日日曜日　天気：晴れ

ひとつ年を取るたびに、だんだん自分の人生が惨めに思えてきた。もう少しましな人生を歩みたいのに、それはどんどん遠ざかり、自分だけが沈んでいくみたいだ。惨めな自分から抜け出すことをあんなに望んでいたのに、人生とはこんなに思い通りにならないものなのか。

明日はまた１日中働かねばならない。大した稼ぎにはならないが、それでも今年いっぱいは何とかなりそうだ。だが、23歳や24歳になってもこんな暮らしが続くなら、どうすれ

ばいいのだろうか。

　４月まで働いて、ひとまず危機は脱したので、５月から予備校に戻った。ビョンソク先輩をはじめ、私と同じく入試に失敗した友人たちがうれしそうに出迎えてくれた。予備校は私の前年の成績を認め、この１年間の授業料を全額免除してくれた。これにはとても助かった。

　ところが予備校に戻ると、高校の教科書がガラリと変わっていた。特に国語の教科書には大きな変化があった。教科書は上下巻２冊で、さらに1000ページ以上もある参考書をひと通り読むだけでも、かなりの時間がかかった。大学ノートほどの大きさの国語の参考書を開くと、小さな字がびっしりと並んでおり、いくら読んでも終わりそうになく、うんざりして身震いするほどだった。

全科目、満点を目標に！

　このときは初年度とは違い、**「全科目で満点を取ってやる」**という目標を立てて勉強した。前年のようにテストのレベルが易しい場合に備えねばならず、さらに１年余計に勉強するのだから、前回よりずっとよい成績を取って当たり前だと考えたからだ。このように希望は大きく持ったが、教科書が変わってしまい、スタートも遅かったので、毎日100mダッシュでもするような気持ちで勉強に打ち込んだ。

　５月末に模擬テストを受けた。298点。予備校全体で第２位だ

った。前年の入試に落ちてから教科書を開くこともなく、ようやく１カ月前から勉強を再開したことを思えば、満足できるレベルだった。６月の模擬テストでは、ついに予備校全体でトップになった。ほとんどビリで入った予備校で、１年４カ月目にしてトップに立ったのだ。成績表をもらった日の夜、ビョンソク先輩と２人で予備校前のカフェに行って、ささやかな祝宴を開いた。

６月５日金曜日

全身が疲れ切っている。気持ちの余裕を持てないまま、もう２年目に入った。猛勉がすっかり身につき、ゆっくり休もうとか遊びたいとか思うこともなくなった。習慣とは恐ろしいものだ。以前は嫌と言うほど遊び回り、投げやりの生活をしていたのに、いまでは一瞬も意味のない時間を過ごせなくなった。忍耐と誠実。そんな道徳的な生活態度が、勉強をするなかで身についたようだ。

どう勉強すればいいのかが
わからない

　2学期の成績は305〜308点に留まっていた。このレベルだと、全国順位は50〜200位圏内だ。ほとんどの受験生は成績さえ許せばソウル大学を目指すものだ。私も例外ではなかった。最後まで内申点に足を引っ張られたが、そのせいでソウル大を諦めるのは悔しい。それに、私立大学に通うには金がかなりかかる。弟だって、結局は1学期で休学して田舎に帰り、カラオケボックスでバイトをする羽目になった。私が高麗大に入ったとしても、その二の舞になるに違いない。

　こうした現実を考えても、国立のソウル大以外に選択肢はなかった。ただ、ソウル大の法学科はさすがに無理そうなので、政治学科を志願することにした。

　以前にも煮え湯を飲まされたが、今回も共通テストの問題が易しいと、私が合格するのは難しいだろう。自分にとっては、テストの難度が上がれば上がるほど有利だ。そう考えた理由はこうだ。他の受験生は難度が上がると成績が大幅に下がるが、私は模擬テストや配置テストでも、難易度とは無関係に好成績をキープできていたからだ。

だがフタを開けてみると、その年の共通テストも前年同様、非常に易しかった。私にとって、これは予想外だった。「去年のテストは易しすぎた。テストがそんなに簡単だと、誰が本当に実力があるのか見分けがつかない」というのが世間の声だったからだ。

試験会場を出ながらまた不合格の予感がしたが、結局、それは的中した。合格者発表後にソウル大の学科別足切りラインが新聞で報じられたが、それによると、私がソウル大政治学科に合格するためには337点以上を取る必要があった。高校の内申点のいい受験生と比べると、私の内申点は14点も下回っていたため、それを加味すると私の足切りラインは337点という計算になるのだ。

ところが、その年の共通テストで全国トップの受験生の点数は337点だったから、私が共通テストで同点首位の成績だったとしても、年齢のせいで落とされたことだろう。つまり共通テストの難易度が低ければ、ソウル大合格は不可能なわけだ。内申書にこれほどしつこく足を引っ張られることになるとは、思ってもみなかった。

再挑戦のために仕事を再開

不合格の知らせを聞くや、まずは働いて金を貯めてから再挑戦しようと決めた。そして、再びバイクでプロパンガスの配達を始めた。すると、いくらもしないうちに町内の知り合いのおじさんから、一緒に造園の仕事をしないかと誘われた。日当は３万5000ウォン〔約3500円〕。月に25日働けば、月収90万ウォン〔約９万円〕

ほどになる計算だ。プロパンガスの仕事も頑張ればそのくらいの収入は上げられるが、ガスボンベの配達は夜9時半までやらねばならないのに比べ、造園工事の仕事は夕方6時には終わる。教科書を1ページでもたくさん読もうとするなら、時間があるほうがいい。そこで町内のおじさんの勧めに従うことにした。

　こうして5月まで働き、6月から再び勉強を始めた。今度は過去2年通ったミョンイン予備校ではなく、イルシン予備校に行くことにした。気持ちを一新したかったのと、それにいつも私を笑顔で迎えてくれたビョンソク先輩も前回の入試で合格してソウルに行ってしまったため、ミョンイン予備校にはもう未練はなかった。

　ところが、イルシン予備校のソウル大クラスは私を受け入れようとしなかった。イルシン予備校は大邱では歴史が長く、名門大学の合格者も最も多いので、学生の選抜基準が厳しかったのだ。表向きの理由は定員が一杯だということだったが、実は年齢も高く内申点も悪い私が、予備校の雰囲気に悪影響を及ぼすかもしれないと考えたようだった。

　金がなく、みんなが勉強している時間に工事現場を転々としなくてはならないのも歯がゆいのに、いくらか金を貯めていざ勉強しようとしたら、予備校すら入れてもらえないのだから、あきれてしまった。

　重い気分で高校のときの担任の先生を訪ねて事情を打ち明けると、教頭先生がイルシン予備校に電話をかけてくれ、やっと予備校に入ることができた。

自分はなぜこんなことをしているのか

　その間に、また入試制度が変更されていた。毎年12月に行なわれていた共通テストがなくなり、8月と11月の2度にわたり修学能力試験（修能試験）を受け、さらに翌年1月に大学別に行なわれる本試験を受けねばならなくなったのだ。

　修能試験は、2度の成績のうち点数のよいほうを選考資料とするとなっていた。しかし、実際には8月のテストのほうが出題範囲が狭い上、11月になると本試験の準備もあるため、修能試験に全力投球することはできない。したがって、厳密に言えば8月のテストの1度しか機会はないと言ってよかった。

　私が勉強を始めたのは、8月の修能試験まであと2カ月しかない時点だった。その上、旧制度のときは試験科目になかった地球化学、物理、化学、世界史の4科目が追加されていた。私にとって、いずれも初めて勉強する科目だ。

　予備校に行ってみると、すべての授業が本試験に焦点を合わせていた。ソウル大クラスなので基礎はある程度できているという前提で、比重が大きく難度も高いと予想される本試験を重視するのは当然だった。

　だが、私はとりあえず目前に迫っている修能試験の勉強をする必要があった。そのため、授業中も先生の話は一切聞かず、後ろのほうの席でひとりで勉強した。そうしているうち、ふと思った。

　自分はなぜこんなことをしているのか。

こんなことなら、むしろひとりで勉強するほうがましではないか。

　ちょうどその頃、7月分の授業料払込書を渡された。授業を全然聞いていないのに、10万ウォン〔約1万円〕以上もの授業料を払って予備校に通うほど、我が家には余裕はなかった。

　結局、せっかく入れてもらった予備校をわずか20日でやめてしまった。しかし、これは当時としてはやむをえない選択だったにしても、結果的には失敗だった。**集団を離れて自律的に勉強するためには相当の意志と忍耐力が必要だ**ということを、そのとき切実に感じたのだ。

　予備校をやめて市内の図書館と自宅を転々としながら過ごした年の後半は、5年間の受験生活のなかでも最も苦しい時期だった。

＊　＊　＊

　勉強自体にも支障が出た。修能試験と本試験に関する情報も経験もないまま、ひとりでその準備をするのは無理があった。特に論述試験や「文学作品の理解と鑑賞」といった科目は、いったいどんな形式で出題されるのか、どうやって勉強すればいいのか、さっぱり要領がつかめなかった。書店には多くの参考書と問題集が並んでいたが、手に取って見てもどれを選べばいいか迷って、混乱するばかりだった。

　だが、もう修能試験のことは忘れて、本試験の準備をしなくてはならない。本試験の肝となるのは数学と論述試験だった。当時、

本試験の数学は難問中の難問が出題されると予想されていたため、私も難問ばかりを選んで解いていた。すると、一日中勉強しても、数問しか解けなかった。いま思えば、**基礎が不十分な状態で、難問ばかりに挑戦したのは失敗だった。むしろ、その時間に基礎を固めたほうがずっと効果的だ**ということを、その試行錯誤から学ぶことができた。

　論述試験の勉強法も、つかみどころがなかった。子どものうちにたくさん作文を書いたわけでもなく、これまでの読書量もそう多くなかった私にとって、60分という限られた時間で与えられたテーマについて1200字の文章を書くのは簡単ではなかった。書店には多くの論述用教材があったが、どれも形式的で小難しく、見るのも嫌になった。

　そこで私が選んだ方法は、ソウル大学の教授陣が書いた本や雑誌、新聞のコラムをせっせと読むことだった。

　このような勉強法が果たして正しかったのかどうかは証明のしようがないし、受験生活も合格への自信が持てるような充実したものではなかった。この時期は、低い内申点のプレッシャーや家族に迷惑をかけることへの自責の念、さらに不合格の悪い予感がしきりに頭をよぎり、憂鬱でしかたなかった。

10月3日日曜日
貧しさと自分の無能から抜け出せず、活路も見出せないまま、泥沼に足を踏み入れつつあるようだ。この惨めで乱れた人生をやり直せないままに、現実に埋もれて生きていく

しかないのか。そう思うと、空恐ろしくなる。失敗と挫折を何度繰り返しても、夢を忘れるようなことはしたくない。だが、道に迷い続けてきた私の人生のなかでも、今日は一番悲しい日だ。

　こんな精神状態では、勉強に手がつくわけがない。解けない数学の問題をにらんで半日をつぶしたり、英語の問題集の短い設問でさえ理解できず、頭をかきむしったりもした。それでいながら、きっと何とかなるだろうという漠然とした錯覚にとらわれ、ソウル大法学部に志願した。そして、また惨めな失敗を味わうことになった。

　入試に落ちたのは初めてでもないのに、今回のショックは大きかった。身も心も疲れ果てた私は、不合格の知らせを受けて田舎に引き返し、翌日にはまたガス会社を訪れた。１日でも休んだら、もう永久に起き上がれなくなりそうだったから……。

ラスト・チャンス

　ある年の春、ソウルにいる弟から電話がかかってきた。

「兄さん、高校卒業して何年たった？」

「まだ4年はたってないぞ。それで？」

「さっきニュースを見てたら、高校を卒業して何年かすると、内申点の修正ができるとか言ってたけど。一度調べてみたら？」

「内申点をどうするんだって？」

「卒業して5年たつと、修学能力試験の成績によって内申書の等級を付け直してくれるらしいよ」

　弟から電話で知らされたこの奇跡のようなニュースに、私は頭から氷水でも浴びたように精神が張り詰めた。当時、私はガス配達の仕事をやめてタクシー運転手をしていた。疲れ切った体を引きずって家に帰ると、母がうれしそうな顔で私の手を引いて座らせて言った。ソウルにいる弟から電話があって、内申制度が変わるらしい。私はすぐさま弟に電話をかけ、さらに翌日の朝刊で、弟の話が本当であることを確かめた。その年から、高校を卒業して5年以上たった受験生に対して、希望者に限り高校の内申点の

代わりに修能試験の成績をもとに内申点を付け直すという規定ができたのだ。

　だが冷静に考えれば、それまで私が受験で失敗してきたのは、すべてがすべて内申のせいだとは言えない。内申のせいで点数が削られたのは確かだが、それ以上に「自分は内申のせいで不利になるから、他の受験生よりずっといい点を取らないといけない」というプレッシャーに苦しんできたと言っていい。だから、こうして足を引っ張ってきた内申点のプレッシャーから逃れることができるのは、私にとって大きな幸運だった。

５年目の最後の挑戦

　私は高校を卒業してからまだ４年だった。また、この３年間は受験生活で心身ともに疲れ果て、家庭もひどい状態だった。かなりの借金もあった。

　入試制度が猫の目のようにくるくる変わるので、今回発表された内申制度の改正案も翌年になったら廃止されるかもしれない。しかし、せっかくのチャンスだから今年は仕事に集中して金を貯め、来年に最後の挑戦をしようと決心した。

　ただ、今年は仕事に集中するといっても、全然勉強しなければ完全に忘れてしまうのではないかと思い、暇を見ては勉強するように努めた。タクシー運転手をしているときも、遅番勤務を終えて明け方に帰ると、昼には起きて午後に交代勤務で出かけるまでは参考書を開いた。

それでも時間的余裕はあったので、基礎的な事項を確認するようにした。特に数学は基礎固めに集中した。また、論述試験に備えて本や新聞をじっくり読むようにした。英語も何もしないで1年過ごすことはできないので、暇な時間にペーパーバックの小説を原書で読むようにした。

　ある日、うつ伏せになって本を読んでいて寝入ってしまったとき、母の友達が家に遊びにきた。そして私の姿を見て、「この子はきっと、死んでも本を手放さないわね！」とつぶやく声が夢うつつに聞こえてきた。

　タクシー運転の仕事は、つまらない事故を起こしたことで私にとっては大金の70万ウォン〔約7万円〕の罰金を払って、1カ月でやめることになった。それまでの儲けは吹き飛んでしまい、再び工事現場に戻る羽目になった。

　だが、1年前に一緒に働いていたおじさんたちが声をかけてくれて、また造園の仕事を始めることができた。その年の12月まで、大邱市内はもちろん、星州や尚州など慶尚北道一円を巡りながら造園工事の仕事をした。そうやって貯めた金が600万ウォン〔約60万円〕になり、そのうちソウルの弟の引っ越し費用に100万ウォン、母の義歯代に100万ウォンを使い、残りの400万ウォンを受験生活に充てることになった。

1年のブランクを取り戻すために

　これが本当に最後だ──そう思って気持ちを引き締めた。もし

これで失敗したら、大学に行く夢は完全に終わりにして、一生を日雇い労働者として生きるしかない。だからこそ、今度こそは悔いのない一回勝負、完璧な受験準備をしたかった。そのために予備校も韓国でトップのところに行こうと思い、毎年1000人近いソウル大合格者を出しているソウルの名門予備校に入ることに決めた。そして1月に上京し、予備校の入学試験を受けた。

ところが予想外なことに、その予備校の試験に落ちてしまった。いくら1年のブランクがあるといっても、その前年にはソウル大法学部を志願した私が、どうして予備校の入学試験で落とされるのか。苦笑いするしかなかった。テストは国・英・数の3科目だったが、答案用紙を前に座っていると頭がぼんやりして、とても問題を解くどころではなかったのだ。1年のブランクはそれほどまでに大きかった。

予備校の入試で落とされた腹いせを、弟にぶつけた。とはいえ、弟を殴り付けたわけではない。以前から弟のアパートを見るたび、ずいぶんおんぼろなので修繕してやろうと思っていたのだ。古くなった電気のコードとガス管を新品に取り換え、さらにあちこちからもらってきた廃材で机と棚を手作りした。台所も汚かったので床板を剥がして張り替えたかったが、そこまでやると大工事になるし、大家から何を言われるかわからないので、そのままで我慢した。

受験生活はマラソンではない。
最初から最後まで全力で

　ソウルでの受験生活を諦めて故郷に戻った私は、前回に少しだけ通ったイルシン予備校の門を叩いた。内申点は並程度だったが、前回の修能試験で175点を取ってソウル大法学部を志願した経歴が認められたのか、すんなりとソウル大クラスに入ることができた。

　ところが、実際に予備校の掲示板に貼り出されたクラス名簿を見ると、私の名前は「文ソ２クラス（文系ソウル大２クラス）」に入っていた。このクラスは名前こそソウル大クラスだが、本当にソウル大を志願する実力のある学生だけが入っているのは「文ソ１クラス」だった。

　ともあれ、自分がやるべきことをやって頑張ればいいのだと、気を取り直した。ところが開講初日、固い決意と多少の期待を抱いて予備校に行ったのに、先生と級友たちの顔合わせが終わると、そのまま帰ってよしと言うではないか。自分だけでも教室に残って勉強したかったが、ドアを施錠するからと追い出されてしまった。

　受験生活は、しばしばマラソンに例えられる。１年近い期間を一瞬も気をゆるめず全力疾走することはできないため、序盤はゆっくり準備運動しながら体を慣らし、次第にスピードを上げていくのがいい。それでこそラストスパートで全力を振り絞り、勝負を賭けることができる、というわけだ。

マラソンではそれが正しいのかもしれないが、勉強に関して言えばその戦略は間違っている、というのが私の考えだ。**最初から脇目も振らずに机にしがみつき、その生活を完全に習慣化して最後まで頑張る**べきだ。最初からのんびりやっていては、最後までエンジンはかからない。少なくとも、私はそう思う。そうやって序盤から全力投球したおかげなのか、３月末の最初の模擬テストで、私は（当時の制度の200点満点中）175点を取った。先生たちも驚いた様子だった。

「推理力」と「思考力」を生む暗記術

　受験で最も注意を払った点は、**すべての科目について、些細な単語ひとつ、概念ひとつに至るまで、その意味を完全に把握し、それを暗記する**努力をしたことだ。

　できる限り多くの情報を正確に頭にインプットしてこそ、それをもとにして「推理力」と「思考力」が生まれると考えるからだ。私の目標は、修能試験で200点満点中の190点以上を取ることだった。この目標は十分に可能なはずだ。すでに丸４年の歳月を受験勉強に費やしたのだから。

　だが、成績は思うように伸びず、２学期になっても足踏み状態だった。180点を超えたのは、やっと９月になってからだった。だが、それほど長期にわたり成績が停滞していても、**「停滞期が長ければ長いほど、高く跳躍できる」**ことを、私は自分の経験から知っていたため、焦りは感じなかった。

それよりも大きな問題は、だんだん肉体的に疲れていくことだった。以前なら、徹夜で飲んでも翌朝早く仕事に出かける時間になると気持ちがシャキッとしたし、勉強をするときも夜中の2時、3時まで頑張っても特に疲れを感じないほど、体力には自信があった。

　それが年を取ったせいか、あるいはこれまで体を痛めつけてきたせいか、少し勉強しただけで疲れるようになった。明け方まで勉強をすると、翌日は眠くならないにしても、一日中頭がぼんやりして、体調がすぐれなかった。2学期に入ると、しかたなく睡眠時間を少し増やして、0時過ぎにはベッドに入るようにした。

　10月の終わりになると、その傾向はさらにひどくなり、30分も集中して勉強すると気が遠くなるような気がした。居眠りしたり、よそ事を考えたりしているわけではないのだが、一瞬気を失ってはハッと目が覚める、そんなことを繰り返した。

　どこか体調が悪いわけではなく、たとえ異常があったとしても対策の立てようもない。とにかく今度が最後だから最善を尽くそうという一念で、ゆるみがちな気持ちを引き締めた。それでも、すでに全科目の教科書の背が壊れてページがバラバラになりそうなほど、何度も読み返した内容なので、もう飽き飽きして興味も失せており、ちょっと油断すれば気が抜けてしまうので、我慢して勉強するのは大変だった。

「決戦」の日

「決戦」の日が近づいてきた。目標はやはり190点。模擬テストでは一度も達成できなかった目標だが、当日のコンディションや問題の難易度によっては、不可能な成績ではない。ところが1限目の「言語能力」の問題用紙を見た瞬間、私の計画は音を立てて崩れてしまった。

　もともと国語には少々自信があった。受験勉強を再開して最初にしたのは、受けていない前年の修能試験の過去問を解くことだったが、1年間勉強から遠ざかっていたのに、国語だけは60点満点の59点が取れた。

　実際、テストとは言っても言語能力を測るだけなら文字さえ読めれば十分と言っても過言ではない。もちろん、文法的内容や文章の展開方法のような基本的な内容は、教科書の勉強を通じて学ばなければならない。

　だが、本番の1限目が終わって会場を出てきたとき、最悪の場合10問は間違っているような気がした。もしそうなら、190点を取るためには、すでにあと1問も間違えられない状況だということだ。続く2限目は数学だったが、これも手ごわかった。

　5年間の試験勉強で、私が最も多くの時間を割いた科目は数学だった。これまでに解いた問題集を全部積み上げたら、私の背の高さほどになるだろう。特に今回の修能試験を控えた2カ月間は、本番と同じ形式の模擬テストの問題集を3冊、問題数でいえば少

なくとも1000問は解いて試験に臨んだ。

　しかし、いざ数学の問題用紙が配布されると、難しい問題がいくつかあった。時間内ですべて解いたものの見直すだけの余裕がなく、それが正答かどうか自信が持てず心配だった。数学もひょっとすると10点分くらいはミスしたかもしれないと思った。

　昼食をとって運動場のベンチでタバコを一本吸っていると、惨めな気持ちになった。今日のためにあれほどの時間を費やしたのに、すべては水の泡になってしまうのか。呆然自失の心境だった。「ああ、どうしよう。最善を尽くしてもだめなのか……」。せめて悔いの残らないよう、残りの時間を最後までありったけの力を尽くそう。そうやって心を静かに落ち着かせて、３限目のテストに臨んだ。

　３限目は「数理・探究Ⅱ」といって、国語、社会、地理、科学などの科目に関するものだった。この時間は１、２限目とは違い、出題傾向を云々する以前にテスト自体が難しかった。これまでひとりで実験までしながら科学の勉強を一生懸命してきたのに、いざ問題用紙を前にすると、とても歯が立たず、ただ選択肢に○だけ付けた問題もあったほどだ。実際、自己採点してみると失点の50％がこの３限目のテストでのミスだった。気持ちはますます落ち込んだ。

　英語は以前の修能試験と同様、比較的易しかった。リスニングでちょっと聞き逃して１問ミスし、その他にもう１問間違えた。ところで、その間違えた過程が面白かった。他の問題と同じように普通に解けばどうということはない簡単な文法問題だったの

に、何となく気になって、とりあえず飛ばして他の問題を解いていった。そして5分ほど時間が余った。

　最後の瞬間まで最善を尽くそうという思いで、その簡単な問題を何度も見返した。下線が引かれた4カ所のうち誤っているものを探すという問題だったが、誤りは明らかにBだった。もしや何か思い違いをしているのでは？　ワナが隠されているのでは？　だが、いくら見てもそんなものはなかった。

　テスト終了のベルの音がする30秒前まで、その問題を見返していた。答えは間違いなくBだった。そうだ、Bだ。問題用紙を裏返して、自信満々に解答用紙に2番と書いた。そしてベルの音が鳴った。席から立ち上がりかけて、ふと見ると、ああ、これはどうしたことか。その問題の選択肢はこうなっていた。①間違いはない、②A、③B……。正解だと思ったBは、2番ではなく3番だったのだ。もう答案を直す時間はなかった。がっくりして、試験会場を出る私の気持ちは散々だった。ああ、あんなに頑張ったのに、まだだめなのか。絶望に頭を抱えた。

自己採点を終えて

　試験会場を出たら、偶然に従兄に会った。従兄のオフィスは私が通っていた予備校の近所だったが、ちょうど会場の近くで用を済ませてオフィスに戻るところだというので、車に乗せてもらい予備校に向かった。予備校に行けば模範解答があるからだ。車内で遠くの山を眺めながらタバコをふかす私を見て、従兄も何とな

く察したのか、テストの結果について尋ねることはなかった。

　予備校に着くと、まるで葬式のような雰囲気だった。先に来て自己採点していた予備校生のうち、数人の女子学生は涙まで流しており、まだ自己採点が終わっていない学生たちの間でも、しきりに「ああ、また間違いだ。また違う！」という悲鳴が上がっていた。

　とても採点する気分になれず、しばらくうろうろしながら他の学生たちの様子を見ていたが、しかたなく試験問題と模範解答を並べて自己採点を始めた。

　気持ちが落ち着かないので、椅子に座ることもできず、立ったまま採点をしていった。ふだん模擬テストの採点をするときは、2、3、3、4、1、というぐあいに答えを5つずつくらい覚えて、自分が書いた答えと突き合わせるのだが、今回はそれもできなかった。

　まるで見てはならないものを盗み見るように、用心深く模範解答の1番のマスを確かめた。1番は2。そしてそっと試験問題に視線を移し、5つの選択肢のうち自分が何を選んだかを確認する。ふう、合っていた。すると、2番の問題に自分が書いた答えが目に入る。今度は逆に「3ならいいんだが」と思いながら、そっと模範答案に目を移す。

　こんなふうに1問ずつ答え合わせしていくと、自己採点にふだんの何倍もの時間がかかった。やっと国語の採点が終わった。54点。期待した点数にはとうてい及ばない成績だったが、テストのときに感じた困惑に比べればずっとましだった。

一息ついてから、２限目の試験問題を開く。立ったまま、イライラと体を左右にゆすりながらひとつずつ答え合わせをしていくと、意外にも１問しか間違っていなかった。

　再度確認したが、結果は同じだった。少し希望が見えてきた。ついさっきまで絶望の淵にあったのに、人間の心というのはずいぶん都合よくできているものだ。

　続けて３限目。予想通り、科学の24問中５問を間違えた。英語のミスも思った通り２問だった。

　こうして自己採点を終え、各科目の点数を合計すると、181点だった。期待にはそぐわず、ふだんの模擬テストの成績にも満たなかったが、それでもここまで点が取れたのは幸いだ。

　先生が自己採点は厳し目に付けろというので、万一に備えて180点と書いて提出して出てきたら、予備校の校内放送で国語の問題の模範解答が１問違っていたという発表があった。ダッシュで引き返して、再び問題用紙を確認してみると、案の定、私がミスしたことになっていた問題だった。ならば182点。

　これで修能試験は終わった。あと１カ月しか残っていないとはいえ、いまから最後の力を振り絞り、大学別テストの準備をしなくてはならない。修能試験が終わると、特次選考〔修能試験の成績優秀者を対象に、定員の一部を大学別テストを免除して入学させる制度〕で進学を決める学生が多かったため、3000人ほどいた予備校生は300人も残らなかった。

　まるで決勝戦が終わったフィールドのように、寂しい雰囲気だ

った。寒さの中で、体はいっそう疲れ、本当に苦しい日々だった。ひとつ慰めがあるとすれば、試験科目が少なくなった点だ。大学別テストは国・英・数と第２外国語の４科目だけなので、期間が短いだけに気持ちが楽だった。

成績発表の日

　そうしたなかで、修能試験の成績発表の日が近づいてきた。公式発表の前日、テレビで全国首席が発表された。187点だったと記憶している。

　そろそろ修能試験の成績表が出身高校に送られているはずだと聞き、私は後輩らとともに学校に飛んでいった。この数年間、毎年入試の季節になると顔を出していたため、庶務の職員も私の顔を覚えていた。ところが私を見るや、まだ成績表は出ていないという。しかたなく手ぶらで帰ろうとしたとき、廊下で校長先生とバッタリ会った。私を見た校長は開口一番、「お前、また来たのか」と尋ねた。

　翌朝、再び学校に急いだ。今度は本当に成績表が山のように積まれていた。庶務の職員から名を聞かれて答えた。

「チャン・スンスです」

「ああ、君がチャン・スンスか。すごく成績のいい学生がいたが、確かそんな名前だったな」

　成績表を受け取ると点数は183.7点。自己採点より上だった。科学のある問題で、答えを２番としたのか３番としたのか記憶が

曖昧<ruby>あいまい</ruby>で、間違えたことにしておいたのだが、運よく合っていたようだ。天にも昇るような気持ちで予備校に行くと、私の成績がすでに噂になっていたようで、みんなが祝ってくれた。

　いよいよ本気で本試験の準備をしなくては。まずは高麗大法学部とソウル大法学部の2カ所に願書を出した。予備校の担任は「スンスは高麗大を受ける必要はない」と言ってくれたが、これまで何度も苦杯をなめてきた私としては、最悪の場合を考えざるをえなかった。

試験1日目

　ソウル大の本試験は2日間にわたって行なわれた。家族も総出で協力してくれた。母は自ら煎じた漢方薬をコーラの空き瓶に入れ、ソウルまで持ってきてくれた。その強壮剤を飲み、母がつくってくれた温かい朝食を食べ、マイカーを持っている弟の友人が車で迎えにきてくれ、こうして万全の準備をして、まるで科挙〔前近代の官僚選抜試験〕でも受けるかのように試験会場へと向かった。

　ついに1限目の文学のテストが始まった。文学のテストは文字通り「ふだんの実力」で受けるしかない。書店には教師や予備校講師が書いた教材がたくさん出回っているが、どうせそれらをすべて読むこともできないので、根気強く小説と詩集を読みながら感想文を書き、特に詩については『詩をどう読むべきか』という本を読んだのが、文学のテスト勉強のすべてだった。

問題のなかで、詩が1編出題されたが、後にそれが鄭芝溶[チョン・ジヨン]〔1902-50　抒情詩やモダニズム詩で名高い〕の「雨」という作品だということがわかった。当時は、それが誰の詩なのか、タイトルは何か、まったく見当がつかなかった。「草の葉に雨粒が落ちる」「風が吹き鳥が飛ぶ」といった2連が提示されており、問いはその詩に描写された光景を叙述せよというものだった。

　詩をたくさん読んだ人なら、読んだ瞬間にすぐにピンとくるのだろうが、尹東柱[ユン・ドンジュ]〔1917-45　同志社大学留学中に独立運動を理由に日本警察に逮捕され獄死。遺稿集に『空と風と星と詩』〕や金素月[キム・ソウォル]〔1902-34　200編余の珠玉の民謡調の抒情詩を発表。代表作に「つつじの花」など〕の詩くらいしか知らない受験生には、なかなかの難問だった。

　それでも私はふだんから暇をみては小説や詩を読んでいたので、おおよそ「ああ、雨の降る日に川辺に雨粒が落ちる光景を描写しているんだな」と当たりをつけ、自分なりに頭のなかに絵を描きながら答えを書いた。書き終わってから、自分が見てもしっかり書けていて、かなりいい点数が取れそうな感じがした。

　英語で比重が最も高い問題は、問題用紙で3、4ページにもなる長文読解であり、それを75〜80語で要約（もちろん英語で！）せよという内容だった。英語で作文をするだけでも容易でないのに、内容を完全に把握し、正しい文法で要約するのは相当な難問だった。それでもこれまで練習してきた文章が頭のなかにひらめき、自分でも不思議なほどサラサラと書けた。配点は25点だったが、おそらくほぼ満点だったのではないだろうか。最も自信の

あった数学は、意外に問題が易しくて油断したせいか、緻密さに欠けて満足した結果を出せなかった。

試験2日目

　2日目は論述試験だった。100字のものが1問と800字のものが1問の計2問。100字の問題はスポーツがあつれきを解消するのにどんな影響を及ぼすかという、割と簡単な問題だった。だが、第2問は設問が長いだけでなく、ふだん考えたこともない内容が含まれていた。

「人間には群れをつくる本能があるが、この本能によって人間は人を敵と味方という2つの集団に分ける。すなわち、この本能が精神に作用することで集団同士のあつれきが生まれる」。こうした論旨で書かれた長文が提示され、この論旨について自分の見解を論ぜよという問題だった。この論旨に賛成か反対かどちらかを選択して文を書くのだが、対策を提示するのではなく、こうしたあつれきを解決することがなぜ難しいのか、その理由を必ず書けという条件が付されていた。

　分量が800字前後なので、形式にのっとって書いていると、自分の主張はできそうにない。考えた末に、形式は完全に無視して、頭から「私は上の論旨に反対する」として攻撃的な文を書いていった。

　私は人間関係のあつれきを多く経験した。仕事においてもそうだったが、特に高校時代の喧嘩のことを思い出した。そんな経験

を振り返ると、あつれきが生まれるのは個人または集団間の利害関係が衝突するためであり、決して本能のせいではなさそうだった。いったんあつれき状態に直面すると、それがどんな形で解消されるかによって、双方が精神的、物質的に相当な被害を負うことになる。人間という存在は、本能のままにそんな被害に甘んじるほど不合理な存在ではない、というのが私の考えだった。

解決が困難な理由については、タクシー運転手をしながら経験したことを例に挙げた。当時、賃金問題で労使紛争が起こったが、いつもはバカ正直なほど仕事一本槍だった運転手のおじさんたちが、経営陣を相手に堂々と自分の要求を主張する姿を見て、非常に驚いた。

ちょうど倫理の教科書で読んだ「群衆のなかの匿名性」という表現を思い出した。1対1では何もできない個人が、いったん群衆を形成するとそのなかで匿名性を帯びるため、ふだんは道で警察官とすれ違っただけでビクビクしていた人でも、ときには警察署を焼き討ちするほど過激な姿を見せたりもするのだ。

こんなぐあいに集団間のあつれきを解決することが困難な理由を説明した後、結論もないまま終わりにしてしまった。あえて結論を書こうとすれば対策を提示する必要があるが、それは書かないように設問で指示されていたからだ。

大学入学後に受けた講義で、最近は文章を書く際には単刀直入に結論から始める傾向が一般的であり、特に短い文章ではそうすることが望ましい、という話を聞いた。その年のソウル大法学部の足切りラインは840点だったが、私の点数は900点を超えた。

そうして見ると、論述でも悪くない点数を取れたようだ。こうして大学別テストの４科目が全部終わると、「これで受かった」と直感した。

「君は、どうしてその年になって大学を受験したんだね？」
「仕事もしていましたし……。いろいろあって遅くなりました」
　面接で、教授は私の身上書をめくりながら、ちょっと驚いたような顔をした。
「成績はかなりいいね」
「頑張って勉強しましたし、運もよかったようです」
「この成績だと、全国で何位くらいになる？」
「５位くらいでしょうか」
　そうやって面接まで終えて、夢でも見ているように歩いていると、いつのまにか地下鉄のソウル大入口駅まで来ていた。

工事現場で聞いた
首席合格のニュース

「お前、この１年何してたんだ？」

「試験を受けてました」

「試験？　お前みたいな日雇いが、何の試験を受けるんだ？」

「大学に行こうかと思って」

　おじさんたちが一斉に笑った。

「そうか。どこの大学の試験を受けたんだ？」

「まあ、ソウルにある大学です」

「だったら、ソウル大か？」

「確かに、ソウルにある大学なら、全部ソウル大だな、ハハハ！」

　ソウル大の入試を終えて大邱に戻った私は、久しぶりに友人たちに会うなどして、数日ゆっくり休んだ。そうしているうち、「遊んでいてどうする。金を稼がなくちゃ」と思うようになった。そこで前に一緒に働いていたおじさんたちに連絡してみると、ちょうど仕事があるというので、１年ぶりにまた工事現場に行ったのだ。おじさんたちは喜んで迎えてくれた。

　おじさんたちは、私の話など信じられないという顔つきだった。

見た目も、やっていることも、間違いなく工事現場の労働者がぴったりの私のような人間が勉強をするなんて、想像もできなかったのだろう。どうせこの1年間、どこか違う現場で働いて戻ってきたんだろう——そんなふうに思ったに違いない。どの職業でもそうだろうが、日雇い労働も待遇や条件が少しでもよい働き口があれば、1年に何カ所も仕事場を変わることは珍しくないからだ。

　ソウル大より先に、高麗大の合格発表があった。昼飯時にソウルにいた弟から電話がかかってきて、いきなり冗談めかしてこう言った。

「兄さん、ただの合格だったらどうする？」

　奨学金付きではなく、"ただ"合格しただけならどうするのか、という話だった。おじさんたちに話すと、やっと冗談ではないことをわかってくれ、驚いていた。

「だったら、スンスは高麗大生になるってのか？」

「まだわかりません」

「どうしてだ、合格したんだろ？」

「もうひとつ受けてるんです」

「どこだ？　お前、本当にソウル大を受けたのか？」

「はい」

合格発表の日

　ソウル大の合格発表の日が近づいてきた。合格する自信はあったが、いざ発表の日が近づくと、また気持ちがじりじりしてきた。

もし落ちたら……。私立の高麗大学に、あの高額な学費を払って通うことができるだろうか。だからといって、もう1年受験生をやり直すこともできないし……。本当に落ちたら、大学を諦めて日雇い仕事をしながら一生を過ごさなくてはならないのか……。

　いよいよ合格発表の日。母は夜明け前から山にお参りに行き、私は焦りと不安感で頭を抱えていた。仕事に出るべきだろうか。午前11時になれば合否がわかるはずだから、それまでこうして家でジタバタしているべきか。よし、仕事に出よう。全部忘れて働こう。

　やはり思った通り、実際に現場に出て体を動かすと、何とか仕事に没頭することができた。ちょうど板を切る仕事があり、1時間ほどせっせと電気のこぎりを回していたら、現場に出てきていた建設会社の社員が私の名を呼んだ。

「チャン・スンスさん、早く現場事務所に行ってください」

　何も考えずに事務所へと歩いていくと、今度は背中から私を呼ぶ声がした。

「スンス！」

　振り返ると、キムさんという現場のおじさんが息をはずませて私を追いかけてきた。

「スンス、お前、ソウル大に首席合格したそうだぞ！」

　こんな瞬間、すました顔でひとつニヤリと笑って見せたら、どんなにカッコいいだろうか。だが、私はやはりそんな大物ではなかった。本当にうれしくてたまらず、どうにかなりそうだった。

　興奮しておじさんたちと抱き合って飛び上がっていたら、ふと

母のことを思い出した。こんな日に、バスを2本乗り継いで家まで帰るわけにはいかない。おじさんから1万ウォン札を1枚もらって、現場を飛び出した。タクシーが家の近くまで来ると、いつもとは様子が違う。狭い路地に車がひしめいているのが見えた。ひょっとして、近所で事故でもあったのだろうか。

　ところが、我が家の前に止まっていた車は、すべてテレビ局と新聞社の取材車両だった。そこでやっと「事故」の主人公が自分だということに気づいた。玄関を入ると、家のなかはすでにごった返していた。母を取り囲んでいた記者たちが、一斉に「チャン・スンスさんですね？」と言いながら私に駆け寄ってきた。

　翌日、全国のすべての新聞とテレビが私の話を扱った。
「日雇い仕事をしながら4浪の末、ソウル大に首席合格！」
「貧しさと試練を乗り越えた勝利者の手本！」
「労働現場で手にした栄光！」

3

限界を味わうたびに
私は成長した

ソウル大学にこだわった理由

　私がソウル大学に合格した年の春、ある時事週刊誌に「ソウル大シンドローム」に関する特集記事が掲載された。苦難と逆境にめげず「ソウル大合格」という成果を勝ち取ったという「感動ドラマ」が毎年のように新聞の社会面を飾っていることを取り上げて、「ソウル大合格＝成功」と見なす韓国社会の空気を批判するものだった。

　つまり、日雇い労働者だった私が七転び八起きの末にソウル大に首席合格して大きな話題になったことも、韓国社会にはびこる深刻なソウル大病の一症状だというのだ。

「そんなに歯を食いしばってまで、どうしてソウル大に入ろうとしたのか？」

　合格して以来、多くの人からそんな質問を受けた。私ほどの成績なら、ソウル大でなくても特待生として学費を免除してくれる大学に、とっくに入れたのではないか。内申点のせいでソウル大合格が困難だったのなら、家の経済状況に目をつぶってまで5年間も苦労をする必要があったのか、というわけだ。しかし、私は本当にエリートになりたくて仕方ないソウル大中毒者だったのだ

ろうか。

　もちろん、私は最初からソウル大を目指していたわけではない。受験勉強を始めた頃、模擬テストで「下位圏の４年制大学」に行けそうな成績を取れただけでも大喜びしたものだ。同じ年の夏に、中堅クラスの大学を目指せる成績を取ったときも、無理にいい大学に行かなくても、このように勉強を楽しみながら生きていければいいと思っていた。そうして勉強するうち成績はさらに上がり、１年で延世大や高麗大を望めるほどになった。内申書の問題さえなければ、最初の年に志願した高麗人政治外交学科は十分に合格できただろう。

３度目の戦い

　そうするうちに、勉強が面白くなり、自分がこれまでやってきたことのうち最も得意なことだと思うようになった。さらに１年勉強すると、その分成績もよくなって当然だと考えた。不合格が続き、受験も３年目、４年目に入ると、さらに負けん気が強くなった。

　「汗水流して働くと、三代にわたって貧乏になる」と言われる日雇い労働の現場で、日当を一銭でも余計にもらえるわけでもないのに、私は筋肉が壊れるくらい必死で働いた。同様に、大学に行くと決めて数年間も苦労したのだから、せっかくなら最後までやりとげたいという欲が出てきたのは、考えてみれば当然ではないだろうか。

「できようができまいが、いったんぶつかってみて、最後まで食らいついてやる」

　高２のとき以来、私を支えてきたのはこんな「喧嘩根性」だった。だから、これは私の３度目の戦いだったのだ。

　１度目は文字通り拳で殴り合う肉弾戦、２度目は日雇い労働の現場で生活を賭けた自分の肉体との戦い、そして３度目は大学に入るための勉強との戦い。

　20歳を過ぎてやっと自分が一番やりたかったことを見つけ、20代半ばまでそれにしがみついていると、ここで挫折したらもう自分が持ちこたえられないような気がした。それは単なる受験ではなく、人生を生き抜くのに必要な、自分への最小限の信頼だったとも言える。

　しかし、私がこれほどソウル大学に執着した理由は何だろうか。逆説的な話だが、それは私がソウル大進学にはまったく不利な条件に置かれていたからだ。

　高校の成績は悪かったし、頭だってそれほどいいわけではない。たぶん私のような高校の成績でソウル大に入った人は、誰もいなかっただろう。常識的に見て、私は「ソウル大生候補」ではなかったのだ。自分の意志とは無関係に私を限界のなかに閉じ込めているこうした条件が、私は嫌でたまらなかったのだ。これは肉体労働をしていたときも同じだった。生まれつきの身体的条件のために「仕事ができない奴」と言われるのが嫌だった。

　私がソウル大にこだわったのは、それが「出世」や「成功」の

証しだからではない。**自分への信頼を取り戻し、自分の限界を乗り越えるための、熾烈な戦いだった**のだ。今後の人生がどうなるのか、まだ何も決まっていないのに、私がいったい何に成功したというのだろうか。

誰かができることは
誰でもできる

　私は、誰でもソウル大に入学できると思っている。そう私が断言するのは、大学入試の出題範囲と、試験で測ろうとする思考力は、学習の基本レベルである高校課程のものに過ぎないからだ。高校レベルの勉強に、特別な知的能力は必要ない。数学が難しいとか、科学が難しいとか言っていても、実は難しいものはひとつもない。

　難しいと思うのは、時間をかけて基礎からじっくり考えようとせずに、むやみに複雑なことから急いで勉強しようとするからだ。だから高校課程で学ぶことに、難しくて何のことかさっぱり理解できないものは絶対にない。

　次は努力だ。**成績を上げるには、頑張って勉強しなくてはならないのは当たり前**だ。前章で述べた私の成績向上の過程を見ると、もしかすると私が人並み以上の能力の持ち主であるかのように思うかもしれない。何も知らなかった人間が、1カ月の勉強で200点を取り、数カ月の勉強で250点を取り、さらにもう少し勉強したら280点取ったというのだから。だが、これは間違いのない事実だ。

勉強は世の中のどんな遊びよりも面白い

　どうしてそんなに懸命に勉強に打ち込めたのか、説明しよう。私が予備校に入った最初の年に死ぬほど勉強できたのは、他にやりたいことがなかったからだ。

　多くの人が勉強は退屈で、やりたくないものだと考えている。そう考える根拠をもう少し深く見てみると、本当に勉強がしたくないというより、勉強の他にやりたいことがあるという気持ちを、誤って「勉強が嫌いだ」と表現しているに過ぎないのだ。ただ、その表現がどうであれ、勉強の他にやりたいことがあるなら、勉強に身が入らないのは当然のことだ。

　私が高校に通っていたときに勉強しなかったのも、これと同じ理由からだった。当時は別に勉強したいなどと思わなかった。それより友達と一緒に遊び回るほうが楽しかったからだ。だから私は遊ぶのが嫌になるほど遊び、その結果、それまで心のなかで抑え込まれていた遊びの欲求が解消され、それと同時に、心のなかの欲求バランスがやっと正常な状態に戻ったのだ。

　すなわち、勉強というのは無条件で嫌いだといったものではなく、一度やってみてもいいのかも、と思ったのだ。要するに、私は本当に自分から勉強をしてみたくなったのだった。**自分がやりたくてやることなら、誰でも一生懸命やる**ものだ。

　また、実際にやってみると、勉強は世の中のどんな遊びよりも面白いものだとわかった。本当に面白かったのだ。高校の教科書

を真剣に読み始めたときに驚いたのは、自分が知らなかったことが実に多く書かれていることだった。私はこんなことも知らずに生きてきたのか、と衝撃を受け、もっとたくさん学ぶべきだと思うようになった。それ以来、高校の教科書を読むことは大学に入るための単なる手段ではなく、それ自体が目的となったのだった。

勉強に楽しさと快感を覚える

知らなかったことを知るのは、実に楽しいことだ。勉強することに楽しさと快感を覚える段階まで来ると、頭脳もふだん以上の能力を発揮する。初めて勉強したとき、私はこんな経験をよくしたものだ。

例えば、韓国史の本や社会の本をさらっと読んだだけで、整理したり下線を引いたりしなくても、１日もたつと自然と頭のなかで整理されて暗記しているのだ。

もちろん同じことを何年も繰り返し勉強するうち、こうした知ることの楽しみは色あせていったが、最初の頃に感じたその強烈な楽しさの記憶は、勉強を諦めようとする私の心をつなぎ留める役目を十分に果たしてくれた。

勉強にも王道がある

そして、もうひとつ言えば、勉強には王道がある。その王道を探すべきだ。それは一種の「コツ」「勉強法」と言ってもいいか

もしれない。では、どうやってその王道を探せばいいのか。

　こうすれば勉強がよくできるようになる、などという方法をもともと知っている人は誰もいない。小学生のときからずっと一等ばかり取ってきた人でも、最初から一等を取る勉強法を知っていたわけではない。

　勉強法というのは、勉強をしながら次第に自分で身につけるものだ。そのためには、常に自分が勉強してきた方法を振り返り、その問題点を見つけ出し、もっとよい勉強法を探そうという心がけが必要だ。

　勉強のうちで、一番難しかったのは数学だった。最初のうち、数学はまず公式を覚え、次に問題をたくさん解いて、問題を見て考える能力を育てることで身につくと思っていた。だから、やみくもに問題集ばかりやっていた。

　だが、そうやって多くの問題を解いても数学の実力は上がらず、なかなか自信を持てなかった。どうやって数学を勉強すべきか頭を悩ませた末、基礎を固めることにした。そこで基本的な数学の参考書を読み始めた。

　けれども、参考書だけでは基礎が身についた感じがせず、数学の教科書を読むようにした。こうした経験から言って、数学は教科書を読むのが最高の勉強法だと思うが、もっと数学の勉強をしていけば、これよりいい方法が見つかるかもしれない。

自分より優れた、他人の方法を受け入れる

　こうした試行錯誤で重要なのは、自分の勉強法に対して開放的な態度を持つことだ。つまり、いまの自分の方法よりも他の人が言う新しい方法のほうがいいかもしれない、という気持ちを持ち、いつでも必要だと思えば、新しい方法、他人の方法を受け入れるべきだ。

　数学の問題集ばかりやっていた私が、基礎を固める方法へと勉強スタイルを変えたのも、私より数学ができる同じクラスの受験生が、「どうせ試験問題はすべて応用問題なのだから、問題ばかりたくさん解くより基礎をしっかりやったほうがいいんじゃないですか？」とアドバイスしてくれたからだ。

　私は自分より勉強ができる人がいると、その人の生活や勉強のスタイルを見て、そこから学ぼうとしたものだ。

　朝から晩まで勉強していても、なかなか成績が上がらない人がいる。その多くは自分の勉強法にこだわり、反省や点検をせずに頑固に同じやり方にしがみついているからだ。

　例えば、修能試験の社会科学分野などの科目は、問題集を解くより教科書を読むほうがずっと有益な勉強法だ。私がそうやって勉強するところを実際に見せてあげて、やり方をまねるように勧めても、聞く耳を持たない人もいた。実に残念なことだ。

　「そんなことできっこないよ」が口癖になっている人がいるが、**実際にやってみれば、本当に不可能なことはめったにない。**この

世に存在するソウル大の学生はひとりやふたりではない。彼らにできたことが、あなたにできないということがあるだろうか。誰だって気合いを入れて勉強すれば、ソウル大合格どころか、もっと高度な勉強だってできるはずだ。

恩師との出会い

　高２の１年間は、私にとってさまざまな意味で忘れられない年だ。当時の担任だったキム・ドンジュン先生との出会いも、生涯忘れられない記憶として残っている。

　まっすぐな髪を眼鏡の上まで下ろし、当時人気だったアニメ『未来少年コナン』に登場する自然児に似ているというので、生徒からは"ジムシィ"というあだ名で呼ばれていた。若かったが、無口で厳格な先生だった。

　学期初めの家庭訪問のとき。私は先生を初めて見たときからカッコいいと思っていたので、先生と２人で会えることにワクワクしていた。

　街角まで先生を迎えにいき、家に案内した。母が電動ミシンを買い入れ、ポソン〔韓国の足袋〕を縫っていた頃だ。先生は我が家の窮状を見て、かなり驚いていた。ふだんは明るくしていた私が、これほど貧しい家に暮らしているとは想像もできなかったようだ。それ以来、先生は私に特に気を使ってくれた。

　高１のときはまずまずのレベルだった成績は、２年になると急降下し、ついに５月末の中間テストではドイツ語で０点を取って

しまった。そんな点数を取ったのは、学校でも私ひとりだった。

　テストで100点を取るのも難しいが、０点を取るのはもっと難しいものだ。いっそ選択肢のひとつの番号だけずっと書けば０点を免れただろうが、その日に限って正解だと思われるものを選んだ結果、それらがすべて正解を避けてしまったわけだ。

　ドイツ語の先生はあきれたのか、担任の先生に私が０点を取ったと伝えた。先生は私を呼び出し、「いったいどういうことだ、何かの間違いじゃないか」と尋ねた。私は言葉もなかった。このとき先生は、私がまったく勉強していないことに気づいたようだ。それでも私が貧しさのせいで勉強を諦めたのだと思い、気の毒そうな顔をするだけで、叱ることはなかった。

先生を好きになった理由

　当時、私は勉強せずに喧嘩ばかりしていたが、クラスの仕事はしっかりやっていた。掃除も真面目にやり、週番のときは休み時間も教室と廊下をほうきで掃いていたほどだ。環境美化の仕事に積極的に取り組み、遠足や運動会でも雰囲気を盛り上げた。勉強ができないことを除いては、先生に気に入られたかったのだ。

　先生のことが好きになった理由のひとつは、私を全面的に信じ、私が望むままにやらせてくれた点だ。あの頃、遅刻もよくして、そのたびに事故で渋滞したとか、バスがパンクしたなどと言い訳をしたものだが、先生はその言葉を一度も疑わなかった。

　放課後の自習が嫌で、言い訳をして抜け出しても、すべて信じ

てくれた。言うことを全部信じて聞いてくれるので、しまいには嘘をつけなくなってしまった。

　高2の冬休み、学校を退学しようと決心して先生の家を訪れた。勉強に興味がなく、家も貧しいし、弟は勉強ができるので、自分は外に出て金を稼ぎ病弱な母を楽にさせて、弟の面倒を見ようと思う。おおよそこんな話をした。私の話を聞いて、先生はこう言った。

「先生は止めるつもりはない。だがスンス、いまは冬休み中だから、手続きはまだできない。休みが明けるまで待っていろ。そのときになっても考えが変わらなければ退学すればいい」

　結局、私は冬休みが終わると3年に進級した。学校を卒業して入試の準備を始めたとき、私の内申点が散々でなかなか大学に入れないでいるのを見て、また金がなくて勉強を続けられず、途中で働きに出ることになったと知り、先生は非常に残念がっていた。

　先生の奥さんから聞いた話だが、家族と車で出かけていたとき、ラジオで私の合格のニュースを聞いた先生は、うれしさのあまり両手をハンドルから離して万歳と叫び、あやうく事故を起こすところだったそうだ。

「他の奴らは1年ですむ受験勉強を、何年もやったから首席になれたんだ」

　先生の家にあいさつに行ったとき、私にこう言いながら、謙虚さを忘れずに大学に入っても勉強に励むよう戒めてくれた。

「これからもちょくちょく寄らせてもらいます」

「私のことはいいから、お前が進むべき道を行けばいい」

　ソウルに発つ前、先生と交わした会話だ。無分別な暴れん坊だった頃から現在まで、先生は私にとって父のような存在だ。

父と優等賞

　自分の家が金持ちだと自慢する子どもは多いが、少なくとも私の記憶では、我が家は自慢するどころか、いつも食べることの心配しかしなかった。だからといって、私の親が無能だったり怠け者だったりしたわけではない。知る限り、両親、特に母は、この世で誰よりもせっせと働き、たとえ学はなくとも、人並み以上に聡明で手先の器用な人だ。

　なのに我が家は、しばしばどうしようもない不意の出来事でいつも振り出しに戻り、あるいはさらに一歩も二歩も後退するという悪循環に陥っていた。

　父は古い人間にしては、かなり「センス」のある人だった。16か17歳のときに朝鮮戦争が起こり、戦争が終わると故郷の慶尚北道倭館に米軍が駐屯してきた。父は英語を勉強すべきだと決心し、1週間にわたり集中的に英語の勉強をした末、たちまち倭館でアメリカ人と英語で意思疎通できる希少な人材になった。

　そして米軍の雑用をしたり、彼らが韓国生活に慣れるための手助けをしたりして米兵たちと親しくなり、その結果、部隊の建築用原木を供給してもらえるようになった。戦争で廃墟となった町

並みを復旧するには膨大な木材が必要だったが、山は丸裸になり、薪ですら金を出して買わねばならないほど、木が貴重な時期だった。

　当然、父が手に入れた木材は金のような高値で取引され、おかげで相当な財産を築くことができた。私が幼い頃に祖母から聞いたところによれば、当時、我が家には札束がぎっしり詰まった大きな袋があちこち置かれていたというから、言うなればそれが我が家の絶頂期だったわけだ。

　だが、父の富は長続きしなかった。祖父が博打に手を出して、その莫大な財産があっという間に消えてしまったのだ。昔もいまも、博打で身上をつぶす人は多いが、それで財を築いた人はひとりも見たことがない。ブラックホールでもあるまいに、賭博場に吸い込まれた金はどこに消えてしまったのだろうか。

　息子がせっせと稼いだ財産を自身の過ちでそっくり失った祖父は、そのショックで早くに世を去り、再び一文なしに戻った父は深い挫折の沼にはまった。

　当時、父の才覚を惜しむ米兵の友人たちが、父にアメリカに渡って勉強したらどうかと勧めたが、にわかに未亡人になった祖母と7人きょうだいの大黒柱になった父としては、気軽に韓国を離れることはできなかったようだ。

一家離散の危機

　20代を台なしにした父は、30歳をかなり過ぎてから母と結婚

した。初めてのマイホームとなった、あの家がいまも思い出される。田んぼの真ん中に父が自ら建てたというその家を中心に、いまでは整然と町がつくられているが、私が子どもの時分には、我が家の周りには夏になるとカエルの鳴き声がやかましい田んぼと、家の裏を走る線路しかなかった。灯りの点る夜になると、「線路の横のあばら家」という童謡の歌詞がぴったり当てはまる家だった。

　父が再び心を引き締めて生活に邁進したのは、倭館の旧市街に引っ越してからだった。大邱から京釜線〔ソウル－釜山を結ぶ鉄道路線〕に沿って北へ20分ほど行った、洛東江の川辺の小さな村の倭館が、私と弟が生まれて幼児期を過ごした場所だ。梅雨の時期になると、泡を立てながらうねり流れる川の泥水が堤防を乗り越え、村中が水浸しになった記憶も生々しい。

　当時、母は小さな雑貨屋を開き、父は運送業者で自転車に乗って荷物を運ぶ仕事をしていた。夕方、父が帰る頃になると、弟と私は玄関前で父を待った。そして50ウォン硬貨を1個ずつもらうと、母の雑貨屋に行って菓子を買って食べたものだ。

　両親がそうやってせっせと働いたおかげで、私が小学校に上がる頃になると、我が家は村でもかなり大きな家を建てることができた。母は相変わらず、その家に付属する店舗で商売をし、父は家の隅の倉庫で練炭屋を始めた。その頃が家族4人にとって最も幸せな時期だった。

　だが、その幸福は1年も続かなかった。都市計画だかが始まって、遠からず我が家が取り壊されるという噂が、村中に広まった。

そこで買ったときよりずっと悪い条件で慌ててその家を売り払って引っ越し、売却金を保証金にして小さな雑貨屋を一軒開いた。数年間の血と汗の結晶は消えてしまい、また振り出しに戻ってしまったのだ。それでも母はくじけず、朝も暗いうちから青果市場に行き、モモやリンゴなどの果物と野菜を背負って帰り、粘り強く商売を続けた。ところが、父は違った。

日に日に生活に興味を失い、酒と博打で過ごす日が増えた。あるときは酔っぱらって店の品物を手当たり次第に壊し、またあるときは母がコツコツ貯めた金をこっそり持ち出して賭博場を転々とした。

父の所業をこれ以上見ていられなくなった母は、そこかしこに父の絶望と恨みが宿る倭館を捨てて、大邱に引っ越すことを決めた。私が小学校4年のときだ。

父が再起を試みるものの……

いくらにもならない財産をすべて処分し、実家から借金までして、私たち4人は大邱の大明洞市場通りの一間のアパートに移った。そしてすべてを投資して、再び店を開いた。今度は単なる雑貨屋ではなく、規模こそ小さいが、近くの雑貨屋を相手に商品を納品する一種の問屋だった。

環境が変わると、父は再起を試みた。父はあれほど好きだった酒をやめ、母が店で客を相手にする間に、注文品を近所の店に自転車で配達する仕事に専念した。

だが、久しぶりに戻ってきた父の安定も、一生懸命に生きていれば何とかなると満足していた母の素朴な喜びも、恨めしいほど短い時間で粉々になってしまった。

　今度は大邱でも指折りの大手流通企業が、うちの店の目と鼻の先に大型スーパーを出店したのだ。当時はあれほどの規模のスーパーはあまりなかった。町の雑貨屋といえば、うっすらとほこりをかぶった駄菓子がいくつか並んでいるだけの、猫の額のような店だった時代、ないものがないほど商品を山と積み上げて派手に陳列したスーパーは、夢のような場所だった。

　価格からサービスまであらゆる面で勝負にならない近所の雑貨屋と小さな問屋は、秋風に舞い散る落ち葉のように消えていった。うちの店も例外ではなかった。店が開店休業状態に陥ると、父は再び酒浸りになり、母は母で父とのつまらない喧嘩を続けた。

突然の別れ

　初夏を迎えて日に日に暑さが増す季節。この日は私にとって、まさに天が崩れ落ちるような日となった。その日も父は酒に酔って、いつものように自分の虚しさと絶望を罪もない母にぶちまけていた。湿気た空気と2人の汗の臭いに満ちた狭い一間の部屋で休みなく続く怒鳴り声を聞きながら、大家のおばさんに預けられた弟と私は母屋でウトウトと眠りに落ちていった。

　どれほどたっただろうか。夢うつつに母の泣き声が、夏の夜のしじまの向こうから聞こえてきた。この世のあらゆる悲しみと挫

折と憤りが溶け込んだような、母の低くよどんだ泣き声……。病院の救命救急センターに運ばれた父は、きっと歩いて帰ってくるに違いないという希望を裏切り、その日の夜のうちに帰らぬ人となってしまった。

　父の死因は、突然の心臓麻痺だった。松の木が香る棺桶すら買えず、寂しく赤い布を1枚身にまとって、深い土の下へと埋められる姿を見て、ようやく、もう二度と父に会えないのだという事実が身にしみて、私は身を震わせた。

丘の上で私を待つ父の姿

　私は、父に小さな喜びすら味わわせてあげられなかった親不孝者だった。父は長男の私が賢く育つことを願っていた。何度も期待に背いたにもかかわらず、毎年学年末になるたびに、もしや優等賞を取ってきたのではないかと、遠くまで見渡せる家の前の丘に上って私の帰宅を待っていた。小1のときも、小2のときも同様だった。父が生きていた最後の学年末である小3のときも、やはり優等賞を取れなかった。

　がっかりした私は、前に進んでいるのか後ろに戻っているのかわからないような足取りで、秋の日差しが降り注ぐほこりっぽい道を歩いた。家の近くまで来たとき、丘の上で私を待つ父の姿が目に入った。父と目が合ったその瞬間、私の元気のない足取りから、今回もやはり優等賞を取れなかったと知った父が、肩を落として背中を向けた。その後ろ姿を、私は永遠に忘れられないだろ

う。

　小6のとき、まぐれで優等賞を取ったことがある。その賞状をもらった瞬間、私の頭のなかにあの日の父の背中が浮かんだ。その姿が胸の奥深くわだかまり、一生消えない悲しみになるだろうことを、私は幼心にも予感した。

　後日、申 京 淑〔1963-　1985年に「冬の寓話」で『文芸中央』新人賞。邦訳書に『母をお願い』など〕の小説『深い悲しみ』を読みながら、人間にとって不可避の死が生きている者たちに負わせるこの深い悲しみの感覚がよみがえり、しばらく胸が痛んだ。

努力だけではどうにもならない

　父が亡くなってから、我が家の暮らし向きはさらに苦しくなった。母にとっても、ますます波瀾万丈で涙ぐましい生存闘争が始まった。

　私が小5のとき、母は知人の紹介で大邱郊外の半夜月という町にあった自動車教習所の簡易食堂で商売を始めた。壊れたバスの内部を改造した古びた食堂で、やっと数人が食事できる狭さだった。私は放課後になると、いつも弟を連れて母を訪ねていった。

　同じ市内ではあったが、学校からかなり距離があり、弟は車に乗ると必ず乗り物酔いをするので、私たち兄弟にとってはかなりきつい道のりだった。母の職場に行けない日は夕食もろくにとれず、弟と2人で空腹を抱えたまま、夜遅く帰る母を待っていたことが思い出される。

　几帳面で手先が器用な母は何でもうまくこなすが、料理だけは私から見ても不得手だ。これは母自身も認めている。裕福な家で7人きょうだいの末っ子として育った母は、結婚するまで水仕事をしたことがなかったというから、料理もちゃんと学ぶ機会がなかったのだ。

だが、母が料理下手だということは、私たち兄弟にとって何ら問題ではなかった。どのみちおいしい料理をつくるだけの材料はなかったのだから。しかし、そんな母が食堂をやるというのは、どう考えても無謀だった。

　結局、母はいくらもたたずに食堂の仕事をやめ、大邱教育大学の近くに引っ越した。古ぼけたマンガ喫茶に部屋がひとつ併設された貸家だった。母はマンガ喫茶をやる一方、午後は学校から帰ってくる私たち兄弟に店を任せ、専門学校に通って韓服〔朝鮮民族の衣装〕の仕立てを学んだ。

　専門学校の課程を終える頃、母は大して儲からなかったマンガ喫茶を畳み、バラック小屋にまた引っ越した。その家で母は新たに意欲を発揮し、せっせと韓服を仕立てる仕事に専念した。その頃の母は30代後半の若さであり、健康にも問題がなかった。

　母は専門学校で知り合った亀尾に住むおばさんから下請けの仕事をもらった。注文が来れば徹夜して一晩で数着の韓服を仕立て、そうやって仕立てた服は翌日に私が亀尾に持っていって「納品」した。その時間に母はまた服を一着仕立てた。

振り出しに戻る

　母の仕事がだんだん増えていき、さらにそれが家のなかでの仕事だったため、家族3人は貧しくとも心の安定を取り戻すことができた。

　もしその頃に母の韓服の仕事がもう少しうまくいっていたな

ら、おそらくれっきとした韓服店でも開いて、どうにか食べる心配はしなくてよくなったかもしれない。しかし、今度もまた、その希望は予期しないところからほころびてしまった。

高級韓服が流行し始めたのだ。生地に紗という透き通った繊細な絹織物の一種を使い、縫うのにも一手間余計にかかるため、工賃も高い。ところが母はこの種の韓服を仕立てる方法を知らなかった。韓服の専門学校に通ったとき、高い生地を買う金がなく、実習ができなかったからだ。

仕事が減り、韓服の仕立ての仕事で生計を維持できなくなると、母は再び引っ越しをして雑貨屋を始めた。大邱に来てちょうど3年、母はさんざん苦労したあげく、振り出しに戻ったことになる。何か変化があるとすれば、父を永遠に見送ったことだけだ。

母が失った2つのもの

今度の新しい店は、大通りから横町へと入り、さらに坂を上った角に位置していた。店が南向きだったため、ほとんど一日中、明るい日差しに照らされていた記憶がある。この店ではタバコも売っていたが、母はいつも2kmほど先の丘の下の倉庫から、タバコがぎっしり入った箱を頭の上に載せ、汗だくで坂道を上ってきた。

かつて朝鮮人民軍の李雄平（イ・ウンピョン）空軍中尉が飛行機で南に亡命してきた事件があった。けたたましいサイレンの音とともに、訓練ではなく「現実の状況」であることを強調する緊迫したアナウンス

が全国に流された。そのあおりで町の人々がラーメンなど生活必需品の買い占めに走ったおかげで、うちの店もしばし臨時収入にあずかった記憶がある。

　私たち兄弟がだんだん成長していろいろと金がかかるようになると、雑貨屋の収入だけでは到底子どもの面倒を見ることはできないと考えた母は、他の生計の道を探し始めた。

　家族3人が暮らしていた家の大家はクリーニング店を営んでいたのだが、母にクリーニング店を引き取って経営してはどうかと勧めてきた。雑貨屋よりも収入になりそうだと考えた母は、アイロンのかけ方と服の修繕、ドライクリーニングの方法などを学んでから、クリーニング店を開いた。私が中2のときだった。

　周囲にマンションと住宅が密集していたため、最初はかなり商売がうまくいった。もちろん、そうなるまでの母の苦労は並大抵ではなかった。服の修繕くらいは前から技術があったので、そうでもなかったが、熱い水蒸気を休みなく噴き出すアイロンを手に服のしわを伸ばすのは、かなりの力仕事だった。それに、衣類がドライクリーニングの機械に一度入って出てくると、油混じりの水をたっぷりと吸い込んでかなり重くなる。それを脱水機に運んで水気を絞り、さらに天井から下がったハンガーに一つひとつ掛けて乾かす仕事は、文字通りの重労働だった。だが、繁盛したのは、やはりつかの間だった。

　近所に最新式の自動設備と清潔な環境を備えた新しいクリーニング店がいくつか開店したのだ。そればかりか、それらの店は独特な声色で「クリーニング、クリーニング」と叫びながら家々を

巡り歩く営業社員を雇い、さらにクリーニングが仕上がった衣類を各戸に配達までしてくれた。

　一方、なけなしの金をかき集めてクリーニング店を買い取って文なしとなった母には、新しい設備や従業員に投資する余力はまったくなかった。結果は明らかだった。付き合いでうちの店に来てくれていた得意客でさえ、背を向け始めた。アイロンを熱するための練炭火鉢の火は消え、高い天井から吊り下がった裸のハンガーは、母の深いため息に合わせて寂しく揺れるだけだった。

　これまでどんな苦難も軽く払いのけ、起き上がりこぼしのように立ち直った母も、今度ばかりは大きな衝撃を受けた。クリーニング店の仕事をしたことで、母は金以外に2つのものを失った。ひとつは信仰、もうひとつは健康だった。

私たち兄弟の前で涙を見せる母

　母は少女の頃から篤実なカトリック信者だった。私たち兄弟も、赤ん坊のうちに洗礼を受けた。そんな母が大邱に来てから引っ越しが続いたせいで、決まった教会に通うこともできず、父が亡くなってからは食べていくことで精いっぱいだったため、日曜日も教会に行けなかった。

　また、若い頃から体を顧みず、さまざまなきつい仕事を続けたせいか、座骨神経痛が母の体を蝕み始めた。夜ごとに足がずきずき痛むといってうめく母のために、膏薬を貼ったり痛み止めの薬を塗ってあげたりしたが、大して効果がなかった。神経痛以外、

診察を受けてもこれという病名は告げられないのに、全身に痛くない場所がないほど母の健康は悪化した。

当時、隣の家のおばさんは未亡人の巫堂〔韓国伝統の巫女〕だった。母の話を聞いて、そのおばさんは母に神が降りていると診断した。そして母はカトリックをやめ、次第に土俗信仰にはまっていった。

巫堂と覡がしょっちゅう家に出入りし、父方と母方の先祖神たち、そして幼いうちに死んだという母の妹神を極楽往生させるための儀式と祭祀を行った。そのたびに、ただでさえ苦しい我が家の経済事情がいっそう厳しくなったことは言うまでもない。たまに母はひとりで1週間も山にこもり、お祈りすることもあった。それでも体調はよくならなかった。

さらには神降ろしの儀式をすることもあった。大邱の八公山の中腹にある祀堂で宵の口から始まったお祓いの儀式は、もの悲しいコノハズクの鳴き声が止む明け方まで続いた。祀堂の前庭に立てた長い竹竿の先に五色の布切れをくくりつけ、その一方の端をつかんだ母に先祖神を一人ひとり降ろす儀式をするときは、霊など信じていなかった私でさえ、なぜか背筋がぞくっとしたものだ。

月明かりに怪しく照らされた山中に絶え間なく鳴り響く太鼓と鐘の音、そして神がかったように青白くなった母の顔は、実に奇怪な場面だった。それを見守っていた私は、幼心にも母のつらく苦しい気持ちを実感してやるせない気持ちになった。

神降ろしの儀式をしても、母の状態は特に変わりなかった。結局、母は2年もたたずにクリーニング店を畳むことになった。巫

女に何度も支払ったお礼やその他の費用を差し引くと、店の保証金は半分も残らず、権利金も返してもらえなかった。

　そして、大邱高校の裏手に部屋を借りて引っ越した。大邱に来てからも何度となく引っ越しをしたが、これほどのあばら家は初めてだった。土レンガを粗雑に積み上げた、狭くみすぼらしい韓式家屋で、いっそ掘っ立て小屋と言ったほうが適切なその家の片隅の2坪の部屋だ。そこに引っ越した日、生きるために歯を食いしばってきた母も、ついに子どもたちの前で涙を見せてしまった。

　この家に越してから、母は再び気を取り直して、染め物工場に通い始めた。だが、すでに弱っていた母の体には、その仕事はとても無理だった。大家のおばさんと一緒に通っていたその染め物工場をやめて、足袋をつくる小さな家内工場でミシンを踏む仕事をした。ミシンは韓服の縫製やクリーニング店をしていたときの経験があったので、まもなく家に電動ミシンを1台入れて、自宅で仕事をするようになった。裁断された足袋の生地を縫い合わせる仕事だった。

　狭い部屋に昼夜を問わず電動ミシンの回る音が響き、原材料と完成した足袋が床に膝の高さまで積まれ、足の踏み場もなかった。おかげで、いいこともあった。夜寝るときは布団を敷かなくても、そのままゴロリと横になれば、柔らかなベッドに寝たような気分だった。だが、足袋の表地と裏地を留める針が部屋中に散らばり、家族3人とも針で突かれることもしょっちゅうだった。

　母が少し休む間に、私が代わって足袋を縫うこともよくあった。母を助けたい気持ちもあったが、ペダルを踏むと音を立てて回る

ミシンが不思議で、手で布をそろそろと動かして裁断された線に沿って縫い合わせるのも面白かった。

頑張って努力してもよい暮らしはできない

　私が若くして十指に余る種類の仕事を転々としたことに驚く人も多いが、母に比べたらひよっ子に過ぎない。また、母はその一つひとつの仕事に体を壊すほど全力で取り組んでいた。

　そうやって働いた代価として、母はどれほどよい暮らしができたのか。私がソウル大に首席合格して以来、各地から寄せられた寄付や奨学金を合わせると、およそ2000万ウォン〔約200万円〕になる。これは我が家の全財産の２倍近い額だ。言ってみれば、私は一度テストを受けた代価として、我が家にとって天文学的な額の金を稼いだわけだ。

　しかし、私の結論を言えば、「誰でも頑張って努力すれば、よい暮らしができる」という言葉を認めることはできない。

　では、逆に「頑張って努力してもよい暮らしはできない」という命題は正しいのだろうか。それもまた違う。誰かがこんなことを言ったのを聞いたことがある。「この世は頑張って努力する人だけがスタートラインに立てる」。頑張って努力することは当たり前だ。子どものときに読んだ偉人伝の主人公のうちで、一生懸命に努力しなかった人はひとりもいなかった。

　努力しないでも成功したように見える、そんな人もたまにはいるだろう。それは次の２つのケースのうち、ひとつだ。一見、努

力していないように見えて、実は本人は死ぬほど努力しているケース。もうひとつは、一見、成功したように見えるが、実は成功ではないケース。

結局、本物の成功を手に入れるには、必死で努力するだけでは十分ではない。それは始まりに過ぎないのだ。

これほどうまくいかないなんて……

私の母は「人生万事塞翁が馬〔人生における幸不幸は予測しがたいということ〕」とつぶやきながらも、しばしばこう愚痴を言った。「人生うまくいかないにしても、これほどうまくいかないなんて」。雑貨屋から始まり、卸売り商、マンガ喫茶、韓服の仕立てを経て、クリーニング店に至るまで全力で生きてきたのに、やっと生活の基盤ができたと思うと、いつも決まって運命の女神は母の希望を踏みにじった。

いま思えば、母の苦難の連続は、単なる運命の仕業とばかりは言えないだろう。雑貨屋も一種の商売であり、事業である以上、いくばくか未来を予測する目と、変化の波を乗り越えるための最低限の資本の裏付けが必要だ。ところが何の準備もないまま、いますぐ食べていく必要に迫られ、先のことを考えたり計画を立てたりといった暇もなく、周囲の人たちの言葉だけを信じて飛びついた商売は、ことごとく失敗するしかなかったのだ。

3　限界を味わうたびに私は成長した

経験に勝るものはない

「そんな体で、一生働いて食べていけると思うの？」

日雇い労働をする私に、母はしばしば言った。貧弱な体で工事現場を渡り歩く私が、母の目には哀れに見えたのだろう。私が勉強をすることを誰よりも喜んでくれ、心から支持してくれたのも、こんな理由からだった。大学に行けば工事現場に出なくても食べていける道があるだろう——そう考えたのだ。

実際、ソウル大合格後に記者たちからよく聞かれたのも、小柄なのになぜよりによってプロパンガスの配達や工事現場のようなきつい仕事を選んだのか、という点だった。最も正直な答えは、短期間で多く稼げたからだ。これという技術も学歴もない私が、ひとつの職場で長く働くこともできない状況で、他にやれることはなかった。

ところで、私は以前から工事現場の日雇い仕事に対して漠然と幻想のようなものを持っていた。そうした仕事に幻想を抱くのは、他にできる仕事がないからではないか、と思う人もいるかもしれない。だが、そうではない。健康な体を持った男なら、一度くらい自分の体を使って働いてみるのも悪くないと、私はいまでも固

く信じている。

　もちろん、頭脳を使って何か新しいものを創造することも、素晴らしい仕事だ。しかし、その快感を味わうのは一般の人ではかなり難しいし、その成果もリアルタイムで目に見えるわけではない。

　肉体労働は違う。自分の体を動かして力を使えば、そこになかったビルが建ち、川に橋がかかる。ひとりの人間に過ぎない私がそこに占める比重は微々たるものだが、汗だくになって一心不乱に働いて、ふと顔を上げると、まるで庭の隅に植えたトウモロコシがすくすく育ったように、高くそびえたビルに思わず嘆声が漏れる。

　おしぼり配達の仕事や、ゲームセンターのホールスタッフをしていた頃、よく考えたものだ。こういう仕事も必要とされている限り誰かがやらねばならないが、どうも創造的な仕事とは言えなさそうだ、と。

　単に品物を右から左へ移したり、あるいは誰かの面倒を見たりしながら金を稼ぐことより、小さな力を集めて何か生産的で創造的なことをやりたいというのが、私の思いだった。

　原始時代には誰もがきつい肉体労働をしなければ生き残れなかったのだから、工事現場の仕事こそは最も自然に近い行動だと言えるだろう。私はその単純明快さと原始性に魅力を感じていたのだった。

月に 28 〜 29 日働く

　最初のうち、日雇いの仕事は確かに楽ではなかった。蔚山の工事現場では、仕事ができない奴だと班長から叱られたこともあった。だが、だんだんと仕事に慣れるにつれ、事情が変わった。

　一生懸命に働くからうまくできるのか、うまくできるようになったから一生懸命になれるのか、それはよくわからないが、私は誰よりも楽しく働いていた。

　普通、現場作業をする人たちは、月に20日も働けば多いほうだ。体を使う仕事なので、あまり無理はできない。酒好きな中年男性など、1日置きに休む人も多い。

　しかし私は、現場の仕事をしていたとき、月に28〜29日間は働いていた。秋夕〔韓国最大の祭日。中秋の名月の日に行われる祖先の祭祀〕の前日で雨が降っていたときも、慶尚北道の星州まで行って働いたほどで、仕事さえあればいくら疲れていても出かけていった。早く金を稼がなくてはという切迫した事情もあったが、それでも私の体が耐えられなければ不可能な話だ。

ほろ酔い加減で仕事する

　突然の事故でタクシー運転手をやめて、工事現場に舞い戻った初日、私は喜びに近い解放感を味わっていた。狭苦しいタクシーの運転席で、短い足も伸ばせずに何時間も座り続け、ひとりでも

多くの客を乗せようと神経を張り詰め、飯も食べそびれて、空腹を忘れようとタバコばかりふかしていた。それと比べれば、日の光を浴びながら空気のよい場所で山に植林する仕事は、遠足に来たのも同然だった。久しぶりに土を掘り返したので腰が痛くなり、シャベルもなかなか地面に深く刺さらなかったが、暖かな日の光と青い空、澄んだ空気のなかで思う存分体を動かすのは、楽しくてしかたなかった。一緒に働いていたおじさんたちも言うように、私にはこの仕事が合っていたようだ。

　日雇い労働と酒は、切っても切れない関係にある。ほぼ1日中酒に酔っていて、酒の力で仕事をしていたと言っても過言ではない。朝6時には家を出るので、朝食をろくに食べないまま現場に出て9時半まで働くと、午前の軽食の時間だ。特に恵まれた現場でない限り、たいていは白菜の葉が1切れか2切れ入ったそばが1杯出てくるだけだ。ラーメンでも出してくれる家は金持ちのほうだ。

　腹が減っては仕事にならないからしかたなく啜（すす）り込むだけで、いくら現場の下働きとはいえ、この手の休憩所の食事は工事現場で働く者でなければとても喉を通らない粗末さだった。そばを1杯平らげると、焼酎を飲む。1本を2人か3人でビール用のグラスかステンレス製の茶碗に分けてつぎ、ひとり1杯ずつ口に放り込み、キムチを一切れ食べたらそれで休み時間は終わりだ。

　こうしてほろ酔い加減で2、3時間働き、12時になると昼食の時間。飯を1杯かき込み、また焼酎をグラスに1杯注いでぐいっとやると、木陰でゴロリと昼寝をする。マンションの工事現場

なら、マンションの中に入って仕上げの終わった冷たいセメントの床に寝転がる。ひんやりとして、昼寝をするにはおあつらえ向きだ。こんなふうに規則的に昼寝をしていると、昼休みの終わる1時になると正確に目が覚めるようになる。

自然に流れる時間のなかで

　だが、日陰で汗が引いてやっと涼しくなった頃に、また真夏の照りつける太陽の下に出ていくのは死ぬほど嫌になる。それでも仕事を始めれば自然に手足が動くものだ。そうやって2、3時間働いて午後3時半になると、午後の休憩だ。やはり、そばを1杯と焼酎。朝から数えると、飲んだ酒の量は焼酎1本を超える。

　太陽が傾き、酒が回るとともに、筋肉には疲れがたまってくる。こんなとき、しばし手を休めて黄昏の空を見上げると、髪がそよ風にくすぐられ、何とも言えず感傷的気分になるものだ。大地を両足で踏みしめ、果てしなく広がる空を見渡していると、雲が空をぐるぐる渦を巻いて流れていくような幻想に陥った。

　仕事が終わったら、また酒だ。現場の近くの雑貨屋の縁側や、市場通りの露店で、ホヤやナマコをつまみに焼酎を引っ掛ける。気が向けばさらに2次会、3次会が続く。なぜ酒を飲むのか？別に理由はない。ただ、みんなが飲むから自分も飲むだけだ。飲んだからといって、何か楽しくなったり、憂いが消えたりするわけでもない。ただ、飲んで酔うだけ。そうやって酔って家に帰ると、汗とほこりにまみれた体を洗う暇もなく、そのまま倒れ込ん

で寝てしまう。

　再び夜が明ければ、また仕事に行き、酒を飲み、しゃべり、つるはしを振るい、石を背負って運ぶ。何か考えている暇もない。自然に流れる時間のなかで、自然を相手に、自分の自然の肉体を使って生きるだけだ。私にとって、これほど魅力的な仕事は他にない。

　せっかく大学に入ったのに、いろいろと多忙で、同級生たちと一緒に過ごす時間があまりとれず、いつも申し訳ない気持ちだ。いつか機会があれば、夏休みや冬休みに気の合う仲間の学生たちを引き連れて、前に一緒に働いていたおじさんたちを訪ね、現場で働いてみようかと思っている。こんな機会でもなければ、ソウル大法学部の学生たちは一生シャベルを手にすることはないだろうから。

ピタゴラスを超える人たち

　歩道の隅にある三角形の空間にブロックを敷き詰める作業をしていたときのこと。一緒に働いていた作業員のおじさんから、ブロックが何枚いるか計算するよう言われた。離れた場所に置いてあるブロックを多く持って来すぎて余りを元に戻したり、足りなくてまた取りにいったりしないですむようにしろ、というわけだ。

　シャベル1本の長さは1m。これを使って三角形の底辺と高さを測り、面積を計算した。そして指尺で（現場の仕事をしていると、いちいちメジャーを使っていられないので、例えば指を広げた長さが20cmとか、歩幅が1メートルとか覚えておいて、おおよその長さを測ることが多い）歩道のブロックの縦と横の長さを測り、面積を求めた。

　この数値で、先に計算しておいた三角形の面積を割って、必要な歩道ブロックの枚数を求めた。やっと暗算して顔を上げると、おじさんが近くでタバコを吸いながらこちらを見ていた。

「やっと終わったか。そんなことで何をモタモタしてる。その横を見ろ。その四角形（図の点線で囲まれた部分）のなかに何枚ブロックがあるのか数えて、2で割ればいいだろ。バカじゃないか？」

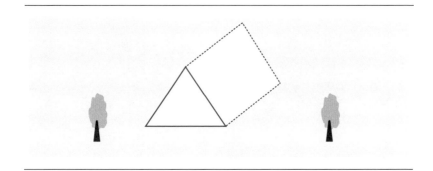

　言われてみれば、その通りだ。わざわざ問題を複雑にして頭を
ひねっていた私とは違い、このおじさんは経験とコツによって、
はるかに簡単に問題を解いたのだった。

　実際、現場で働いていた頃、学校で勉強したことがないのに、
信じられないほど優れた応用力と直感を発揮するおじさんたちを
たくさん見てきた。知恵は本や学校でだけ学ぶものではないのだ。

　日雇いの肉体労働というと、生活に切羽詰まったアウトローの
ような人たちが、最後に行き着くところだとイメージする人は多
いだろう。夢も持たず、生活を大切にしたり愛着を持ったりでき
ずに投げやりになって、多少の金が入れば酒や博打に使ってしま
う、そんな人たち……。

　もちろん、工事現場にそういう人がまったくいないわけではな
い。だが、少なくともこれまで私が親しくしていた人たちのなか
には、こんな人はいなかった。むしろ肉体労働も堂々たる職業だ
と考え、これを足掛かりによりよい生活基盤を築くために懸命に

生きている人たちが多かった。誰よりも素朴で、気立てがよく、決して人を傷つけたりしない人たちだった。

言葉ではなく態度で教わる

40歳を超えたばかりのカン部長は、一緒に働いていたおじさんたちのうちでは最年長だった。同じ「オヤジ」の下で働く仲間のうちで一番の古株だったので、「部長」という愛称で呼ばれていた。現場作業の経歴が長く、どこに行ってもその現場の班長や大工と顔見知りだった。当然、どんな仕事でもできた。

ところが、カン部長は仕事の手際が悪く、要領もよくないので、現場ではいつも後回しにされてしまう。また酒好きなので、元気なときは朝のうちから焼酎を1本空けてしまうほどだった。酔っぱらうと仕事から何から忘れて、現場の片隅で居眠りしているので、カン部長の姿が見えなくても、どうせ酒をくらってどこかで寝ているのだろうと思って誰も探そうとしなかった。

私と一緒に働いていた時分は、酒でさんざん苦労をした後だったせいか、前に比べれば酒量が減っていた。だが、焼酎の杯に口をつけると、何かいけないものを飲んだように顔をしかめながら、アルコールが胃袋に流れ落ちる痛みとピリピリする快感がないまぜになったような、何とも説明しがたい不思議な表情を浮かべるのだ。ともかく、その顔を一度見た人なら誰でも、人間がなぜ酒を飲むのか、その理由が納得できるような気がするのだった。

カン部長は、どんな分野のどんな種類の仕事であっても、まっ

たく人に勝とうとしない人だ。勝とうとする理由も、意志も、能力すらない。彼に何かの罪があるとすれば、現代のような競争社会に生まれたことだけだ。私が考えても、工事現場以外にはこのような人が生きていける場所はなさそうだ。

　しかし、誰よりも家族を大切にしており、誰かを傷つけたり嫌な思いをさせたりすることは決してない。私にもときどき酒をおごってくれた、人のよいカン部長。こんな人たちが馬鹿にされることなく幸せになれる世の中なら、どれほどいいだろうか。

　肉体労働の現場では、こんなことが言われてきた。「あくせく歩き回って汗水流して働くと、三代が物乞いになる」。どのみち仕事に出てさえいれば、人より余計に働こうが少なく働こうが、もらえる日当は同じだから、唯一の元手である体を痛めつけてまで必死になって働くよりも、様子を見ながらのんびりやるべきだ、という意味だ。

　だが、これも昔の話であり、いまでは建設現場でも全力で働いている人が多い。私もそのひとりだった。急ぎの仕事があれば朝から晩まで息を切らせながら、1000メートル競走でもするように働いたものだ。あまりに無理をしたせいで筋肉に異常が生じ、病院の世話になったこともある。そんなふうに頑張っていたときは、毎月28〜29日は仕事。雨の日でも、仕事さえあれば雨がっぱを着て現場に出ていった。

　ところが、私よりも熱心に働いているおじさんたちがいた。イ・ヨンシクさんと彼の義理の兄弟であるパク・ジュンソクさんがその代表例だ。

イさんは体格がよく、誰が見ても力持ちに見えるから当然としても、パクさんは痩せ型で小柄なのに、いったん現場に出たら休む姿を見たことがない。とにかく真面目で、他の人たちが座ってタバコを一服している間も、じっとしていることがなかった。

　この２人の誠実な働きぶりから学ぶことは多かったが、言葉ではなく態度で若い者たちを教える様子は、感動的でさえあった。

　どんな仕事でも、若い者にやらせたらどこか気に入らないものだ。なかには腹を立てて叱りつける人もいる。すると若い人は自分なりに頑張ったと思っているのに叱られるから、意欲が消えて、反感ばかりを募らせてしまう。

　ところが、このパクさんは違った。私に何か仕事をやらせて、うまくできないでいると、そっと近づいてきて黙って自分でその仕事をやってみせるのだ。「次からはこうやれ」とか「こんなこともできないのか」と一言くらい言いそうなものだが、絶対にそういうことは口にしない。ただ、代わりにやって見せ、また自分の仕事に戻るだけだ。文字通り、言葉ではなく体で教える人だ。

　大学入学後、大邱に帰った際にイさんとパクさんの家に遊びに行った。手厚いもてなしを受け、「大邱に来たら絶対に寄っていけ、さもないとただじゃすまないぞ」と脅迫（？）までされた。

　いまでも駆けつけて一緒に働き、仕事が終わったら焼酎を酌み交わしながら語り合いたいおじさんたち。彼らの素朴な夢が叶うときが少しでも早く来たらいいと思う。

私たちが夢見る世界

　緑のフィールドの上で、数メートル先の小さな穴にゴルフボールがコロンと落ちて歓声が上がる。テレビや映画でよく見かけるシーンだ。この小さな穴の周囲は「グリーン」と言うが、その芝生を近くから見ると、草でできていることが信じられないほど細かい葉が密集している。

　以前、工事の仕事でゴルフ場に行ったとき、何も知らずこのグリーンの上を歩き回ったことがあるが、すぐさまゴルフ場の係員が飛んできて大騒ぎとなった。聞いてみると、この芝生の価格は坪あたり200万ウォン〔約20万円〕ほどだという。怒られるのも無理はない。

　韓国でもゴルフを「大衆スポーツ」として定着させるべきだという話を聞くが、そのたびに、そのときのことを思い出す。私が働いていたゴルフ場の会員権の値段は4000万ウォン〔約400万円〕。名門クラブと言われる施設の会員権なら、もっと高額だろう。

　これほど広い場所と多くの金をかけて建設したゴルフ場で、心身の鍛錬に励むことのできるような人が、韓国にどれほどいるのだろうか。きっと相当な数に上るに違いない。だからこそ、全国

津々浦々、景色も空気もよい場所には必ずゴルフ場があり、駐車場には高級車がずらりと並んでいるのだろう。

　ここで働いていたら、歴史の教科書で見た金弘道〔1745-？　朝鮮王朝時代の画家。特に風俗画に優れた作品を残した〕の絵を思い出した。その絵のなかで、人々は泥だらけの木綿のズボンを脛までまくり上げ、だぶだぶの上衣の胸をはだけて、きつい労働をしていた。

　ゴルフ場での私の仕事も、重機も使わずにシャベルとつるはしで地面を掘り、重い荷を担いで運ぶという古典的な労働だったから、似たようなものだ。

金持ちと貧乏人

　その絵が描かれた時代なら、こうして力仕事をする私は奴婢〔下人、召使い〕の身分を免れなかっただろうが、そんな時代に生まれなかったことが幸いだ。だが、考えてみれば、いまの韓国社会にも両班〔貴族階級〕と奴婢の区分が厳然と存在しているのかもしれない。ただ、その呼び方が金持ちと貧乏人というふうに変わっただけだ。

　貧富や学歴による生活格差を、果たして本人の後天的努力のせいだとして正当化できるだろうか。それは違うと、私は考える。例えば、私がこうして勉強して大学に入学できたのは、ただ私が人一倍努力したためだろうか。もちろん、努力しなければいまの結果はなかっただろう。

しかし、それだけだろうか。なぜある人は子どもの頃から勉強がよくでき、また、勉強のために強い意志を発揮できるのに、なぜある人はそもそも勉強に関心を持たないのだろうか。勉強への刺激を受ける機会すらないまま、無駄な時間を過ごすケースがどれほど多いだろうか。もっと本質的な原因が、人生の質の違いを生み出しているのではないだろうか。

　だから、ずば抜けた才能を発揮して大きな富を手に入れたり、人より強靱な忍耐力によって苦痛に耐えて成功できたりした人であっても、運悪く時代と社会に合わない条件を持って生まれたために成功できなかった人たちに対して、心からの同情を示すべきだろう。

社会から疎外された人たち

　このような人間の本性を超越した倫理意識が制度化され、すべての人が自分が持つ能力を存分に発揮し、各自が努力の果実を手に入れて幸せになれる世の中こそ、私たちが夢見るべき世界ではないだろうか。

　ゴルフ場で工事していると、たまに近所の顔見知りがゴルフをプレーしに来たところと出くわすことがあった。そんなときは仕事の手を止めて、彼らの目に入らない場所に身を隠したものだ。現場側から、ゴルフのプレーの邪魔にならないようにしろと指示されていたからだ。木陰でタバコを吸っていると、遠い未来の歴史の教科書に、この時代を象徴する風俗画の1枚として、ゴルフ

場で肉体労働をする私の姿が掲載されるかもしれないという、奇妙な想像が頭をよぎったものだ。

　暑い夏の日、ゴルフ場で汗まみれになって働く私たちは常に塩を持ち歩き、不足した塩分を補うようにしていた。若い私はまだしも、一緒に仕事に励むおじさんたちは塩をなめながら、自分と同年配の人たちがわざわざ汗を流すためにゴルフ場で遊び歩く姿を見て、どんな気分だっただろうか。

　いかに努力して稼いだ金だとしても、無節操にぜいたくの限りを尽くすことは正当化できないだろう。地球の有限な資源を一部の人が浪費すれば、社会から疎外された人たちの取り分はそれだけ減ってしまうのだから。

精神の自由、肉体の自由

　プロパンガスの配達をしていた頃、困った取引先がひとつあった。大邱市の中心にあるビルの７階に位置するレストランだ。ガスなどの危険物を運搬する車両は都心を走ってはならないとされていたため、そのレストランにガスを配達するのは、バイクの運転手の役割だった（私はこの規制に納得できない。ガスボンベをバイクに載せて運ぶのと、トラックに載せて運ぶのと、どちらが危険だろうか？）。

　バイクの運転手は私以外に２人いた。ところが、彼らは農業高校を出たばかりのやんちゃな少年たちで、かつての私のようにバイクを乗り回したくてガス会社に入社してきたのだった。私も彼らとそう変わらない立場だったが、なぜか彼らに任せるより、自分が行くほうが安心できるような気がして、私がそのレストランの配達を担当した。

　初めて私がガスボンベを背負ってビルの玄関を入り、エレベーターに乗ろうとすると、管理人のおじさんがあわてて駆け寄ってきた。

「おい、お前、どういうつもりだ」

「え？　上のレストランにプロパンガスの配達に来たんですよ」

「どうしてこっちから入ってきたんだ？」

「エレベーターがそこにあるからですよ」

「このビルに来るのは初めてか？」

「はい」

「このビルでは、ガスボンベを持ってエレベーターに乗ってはならん。裏に回ると非常階段があるから、それを使え」

「ええっ？　7階までこれを担いで登れというんですか？」

「お前の事情など知ったこっちゃない。これまでみんなそうやってきたんだ」

　目の前が真っ暗になった。ガスボンベを背負ったまま管理人のおじさんと言い争っている間にも、膝がブルブル震えてくるのに、7階までこれを持って上がれとは。私はあきれてしまった。だったら一か八かだ。私は覚悟を決めて、うなりながら非常階段へと向かった。

　ビルの外壁に貼り付いた傾斜70度はあろうかという鉄製の非常階段は、狭く曲がりくねっていて、とても上れる気がしなかった。しかし、私は決死の思いで階段に足を掛けた。ガスの配達を始めたばかりの私でも、階段の途中でガスボンベを下ろしたら最後、2度とボンベを背負えないだろうことはわかっていた。歯を食いしばり、ありったけの力を込めたが、2階まで上がらないうちに息が切れてきた。ガラガラガラ……。ガスボンベとともに、やっと上ってきた階段を下まで転げ落ちる自分の姿が、頭にちらつく。

だが、私はやりとげた。ついに7階まで上り切ったのだ。7階に到着するやいなや、床にへたりこんで10分ほど身動きできずにいたけれど……。人間の「無限」の潜在力を発見したような気がした。

　手ぶらで上っても息が切れる階段だったが、何度かそのビルに配達に行くうちに、ガスボンベを背負ったまま飛ぶように上り下りできるようになった。

慣れが大事

　工事現場での仕事でも、似たようなことを何度も経験したものだ。つるはしを振るうのは、見た目ほど簡単ではない。つるはしはかなりの重さがあり、最初はそれを頭の上にかざして振り下ろすだけでも力がいる。つるはしの尖った先端も、自分の狙いとはまったく違う場所に刺さってしまう。それでも慣れてくると、地面にコインを置いてフルスイングをしても、正確につるはしの先をコインに当てられる境地にまで達した。

　道路の縁石を敷く仕事をしたことがある。造園工事より日当が1万ウォン〔約1000円〕多い4万5000ウォンだというので始めたのだった。道路の縁石にはコンクリート製と高級な大理石製の2種類がある。長さはすべて1メートルだが、高さによって重さが違い、最も重いもので1本100kg近くになる。現場にはトラックで運ばれてきたこの石の塊が、あちこちに山積みされており、それらを1本ずつ指定の場所に運ぶのが私の最初の仕事だった。

2人で向かい合って両端を持って運ぶと、手袋を2枚重ねにしていても、コンクリートの鋭い角で手のひらの皮がむけてヒリヒリした。仕事を終えて帰る頃になると、手がパンパンに腫れ上がってしまう。たこができて、皮がむけた手のひらに食い込み、仕事に慣れるまでの1週間ほどは腕と足腰の痛みもつらかった。

　それでも1カ月、2カ月とたつうちに、体重がわずか52〜53kgしかない私でも、体重の2倍近い縁石をひとりで背負って運べるようになった。

時間と体力との戦い

　その年の夏は雨が一滴も降らず、焼けるような暑さが連日続いていた。特に大邱地方は盆地なので、毎年のように国内最高気温を記録するなど、暑いので有名だ。30分ほど動いただけで、Tシャツが水に浸したようにぐっしょり濡れ、脱いだシャツを絞ると汗がしたたり落ちるほどだった。

　そんな暑さのなか、私たちは工期に間に合わせるために精いっぱい働いていた。作業員たちは半々に分かれ、一方のチームは縁石を置き、私たち残りのチームは芝生に塩ビ排水管を埋設する作業をしていた。工期が迫っていたため、アルバイトの学生が助っ人として各チームに数人ずつ加わっていた。

　うつむいてシャベルで土を掘っていると、まるで湯気がもうもうと立つ鍋に首を突っ込んでいるような気分になる。それでも作業時間が終わる頃には、自分たちの割り当て分の仕事を終えられ

たが、誰もが疲労困憊して立っている力もないほどだった。

　少し休憩してから、縁石を置くチームの様子を見にいった。ところが、すでに日が西の山に沈もうとしているのに、こちらの作業はまだ終わりそうになかった。縁石というのは、ただ地面に置けばいいというものではなく、まず生コンを敷いてその上に載せる必要がある。そうすることで高さを一定にそろえ、生コンが固まるのに伴い縁石が固定されるのだ。

　だから、ミキサー車が来て縁石を敷く場所に生コンを流し込んだら、作業時間をオーバーしてもコンクリートが固まる前に縁石を並べてしまわなくてはならない。さもなければ、石のように固まったコンクリートを再び剥がさねばならないからだ。だから、いつもだったら午後の休憩後にミキサー車を呼ぶことはない。その時間から生コンを敷いたら、日没前に作業が終わらないからだ。ところが、その日は作業を急いでいたため、日が沈もうが関係なくミキサー車を呼んだようだ。

　長さ1メートルの縁石を数百本もきれいに一直線に並べるのは、簡単なことではない。だから縁石を置く人たちは、大工や左官と同じく、現場で技術者待遇を受ける。長さ70〜80㎝の鉄筋の先端をかぎ状に曲げた道具を片手に1本ずつ持ち、2人が向き合って立った姿勢で縁石の底面を鉄筋で持ち上げてから、水平と高さの目印として掛け渡した糸に合わせて1個ずつ置いていく。100㎏近い縁石を2人で朝から晩まで敷いていると、全身が疲れ切ってしまう。

　縁石敷設の現場では、力のありそうなアルバイトの学生たちは

もちろん、作業員たちも完全に力尽きて、流し込んだ生コンが夏の暑さで急速に固まりつつあっても、ふ抜けになったようにへたり込んでいるのだった。経験がないのに自分の力だけを信じて、怖いもの知らずで工事現場に飛び込んで来た者たちは、いくら体力があっても夕方になると指一本動かせないほど疲れ切ってしまう。私もこれまで何度も経験したことだ。

　すでに生コンの表面が固まっており、その上に縁石を載せることはできない状態だった。まずシャベルで生コンを突き崩し、まだ水気が残る内側の部分と混ぜ合わせなくてはならなかった。経験者ならわかるだろうが、シャベルで行なう作業で最も大変なのが、生コンをすくったり平らにならしたりする仕事だ。セメントと砂、砂利、水が混ざった生コンは、かなり比重が大きく、シャベルひとすくいの重さは土や砂などの数倍はある。加えて固まりつつある生コンには、シャベルの先がうまく入らない。シャベルをあてがって思い切り足で踏み込むか、あるいは肩の高さまで振り上げて力一杯振り下ろさないと、シャベルの先端が生コンに刺さらないのだ。

　私もかなり疲れていたが、ただ見物しているわけにはいかない。作業員のなかでも力自慢のイ・ヨンシクさんと私が先頭に立ってみんなに気合いを入れてから、固まりつつある生コンに駆け寄った。残りのメンバーも最後の力を振り絞って、私たちに倣って作業を開始した。

　私もイ・ヨンシクさんも、シャベルの扱いなら誰にも負けない。固くなった生コンにシャベルを当て、ジャンプするようにぐいっ

と体重をかけ、足で押し込みながら生コンをひっくり返していった。息をゼイゼイさせながらも、2人で競い合って稲妻のように体を動かした。その最中にも、いたずらで互いの空のシャベルに生コンをかけ合いながら、ケラケラと笑った。そうしているうちに、生コンの処理があっという間に片付いた。バイトの学生たちは、そんな私たちの仕事ぶりに目を丸くするばかりだった。

何が私を変えたのか

その日の夜の打ち上げの場で酒が回ってくると、バイトの学生たちが私のそばにきてお酌をし、いったいその小さな体のどこからそんな力が出るのかと、腕を触ったり胸板を突いたりするのだった。

私も初めて工事現場に出たときは1日ももたず、ふらふらになった。そんな私が、いまはどこの現場に行っても、誰にも負けずに仕事ができる自信がある。何が私をこのように変えたのだろうか。

同じ質問をもうひとつしてみよう。受験勉強を始めた頃、私は最初の模擬テストで下位圏の4年制大学にやっと入れるほどの成績を取って、そのことに感激した。そんな私が、5年の歳月をかけたとはいえ、入試では誰にも負けない自信を持てるようになり、それがソウル大首席合格につながった。これは何を意味するのだろうか。

「人間の精神と肉体は、使えば使うほど強くなる」

　これはこの数年間、仕事と勉強をするなかで、私が体得した確信だ。以前は２ケタの足し算も暗算ではできずに頭を抱えていたのに、いまは２ケタのかけ算程度は暗算で簡単にできるようになった。

　私が通っていた予備校の近所に、中華料理店があった。ふだん私は弁当を２個持って予備校に通っていたが、日曜日は昼だけ弁当にして、夕食はしばしばこの中華料理屋でチャジャンミョン〔韓国風ジャージャー麺〕を食べた。

　ところで私が驚いたのは、この中華料理屋の主人のおばさんだ。満員の食堂のあちこちで客が注文するのだが、おばさんはそれをひとつも聞き漏らさずに厨房に伝えるのだ。そして料理ができると、客に一度も聞き返すことなく、注文の品を正確にテーブルに運んだ。さらに客が食べ終わると、何を食べたのか聞かなくてもさっと会計を済ませるのだった。私たちならいちいち伝票に書いておいても間違えそうなのに、慣れているからなのか、何の問題もなかった。だが、おばさんが最初からこうした能力を持っていたわけではないだろう。

　普通の人は逆立ちをするのも難しいが、体操選手が空中でグルグル何回転もするのを見ると、練習による能力の開発がどれほどすごいものかわかる。

　私も受験勉強を始めた頃は、数学の問題を解いたり英語を理解したりするのも大変だったが、だんだん実力がついてくると、も

っと難しく複雑な問題も解けるようになった。

　そうなってから、以前に難しくて頭を抱えていた問題を見ると、非常に易しく見えるのだった。例えて言えば、棒高跳びで限界の高さだった目標をいったん飛び越えてしまうと、次からはそれが何でもない高さになるのと同じようなものだ。

　こうした過程を経て、私は「自由」について考えるようになった。持ち上げられなかった石を持ち上げ、解けなかった問題を解くことで得られる自由。限界の壁に突き当たり、じれったく思っていた自分が、その壁を越えることで開けた新しい世界に入る自由。

　これは生活においても同様だ。入試と闘う受験生の1日は、厳重に閉ざされた監獄のようなものだ。一寸の隙もないスケジュールは、まるで巨大な岩のように私たちを圧迫し、胸を押しつぶす。こんなきつい日程が続くと、とうてい耐えられないように思えてくる。

　ところが、1日、2日とそれに耐えているうち、いつのまにか教室でじっと座っていても、まったく窮屈さを感じなくなる。1日中、一言もしゃべらずに勉強ばかりしていても、帰宅するときの心はむしろ軽く、安らかだ。いったん克服すれば、それはもはや監獄でも限界でもない。

　人間は誰しも、精神的・肉体的能力において大きな差はないというのが、私の考えだ。だから誰でも自分の力を鍛えて能力を拡大し、限界を突破することで「自由」を得ることができるのだ。

4

ソウル大式学習攻略法

正しい学習の仕方

　教科書や参考書を読むときに最も重要なのは、その内容をしっかり把握することだ。英単語や数学の公式などを覚えるように、何の考えもなしに何十回もノートに書いたところで、紙と鉛筆がもったいないだけで、頭に残るものはそう多くない。ひとつ例を挙げよう。高校の歴史教科書にこんな部分がある。

> 　高麗建国の主体となったのは豪族勢力だった。彼らは古代社会の矛盾を克服するため、教宗〔仏教の宗派のひとつで、形式や経典を重視する〕に代えて禅宗を思想的基盤とし、新たな社会に対応する政治理念としての儒教を受け入れることで、社会改革の方向を指し示した。

　この文章を読みながら、「豪族」「禅宗」「儒教」などの単語にいくら下線を引いて暗記しても、その意味を知らなければ何の役にも立たない。以前の入試なら「高麗建国の主体は誰か？　①貴族　②豪族　③軍閥　④士大夫」といった問題が出たかもしれないが、最近はそんな単純な（？）問題はめったに見られないから

だ。

　実際、そうやって個々の単語をバラバラに覚えるより、文章全体の意味を理解し、あとは自然に頭に入ってくるという勉強法のほうがずっと望ましいし、易しいだろう。そのためには、左の文章ではまず「豪族」「古代社会の矛盾」「教宗」「禅宗」「政治理念としての儒教」などの言葉の意味をつかんでおく必要がある。

　古代社会の矛盾とは何かについては、教科書の引用部分の前のほうに説明があるのでそう問題はないが、他の用語については教科書を読んだだけではその意味を正確につかむのは難しい。だから参考書が必要なのだが、高校課程の市販の参考書はいずれも教科書の内容を要約・整理して練習問題を載せている程度だから、本当の「参考書」の役目を果たしていないようだ。

　本当の参考書なら、教科書の記述をもとに説明の足りない部分を補ってくれたり、教科書を読んで抱くであろう疑問を整理して理解の幅を広げる役割を担うべきだ。

　ところがどういうわけか、こういう参考書はまったく見かけることがなく、ただ問題をひとつでも多く解くコツを並べているだけだ。こんな参考書は何冊あってもほとんど勉強の役に立たない。「出版社も商売だから、儲けないといけない」という裏話を耳にしたりもするが、もう少し考えれば、受験の役に立ち、商業的にも成功できる本をいくらでも作れるだろう。なぜ、どの出版社も従来のスタイルから抜け出せないのか理解に苦しむ。

　話を元に戻せば、そうした用語の意味を理解するためには、いまの参考書では頼りないので、面倒でも百科事典を引いたり先生

に質問したりするしかない。もちろん、もっとしっかり勉強するには、図書館でこの分野の書籍にあたるべきだが、それが無理なら、せめて国語辞典を引いておおよその意味を調べるべきだ。こんなふうに、文中の単語の意味をしっかり把握してから、文章全体が何を言わんとしているのか意識しながら読むこと。それこそが、どの科目においても最も優先される勉強法だ。

　もうひとつ留意すべきは、常に「なぜ？」という問いを心に抱くべきだという点だ。教科書で新しいことを学ぶたび、「なぜそうなるのか」という疑問を常に持つようにしよう。

　では、これらを総合して、何が正しい勉強法かを具体的に整理していこう。

　まず過去の入試問題から、ひとつ例に挙げよう。

　次の文は、朝鮮王朝時代のある農業書の一部を抜粋したものである。文中に出てくる「この風」の説明として正しいものはどれか。

　朝鮮半島東部に走る太白山脈（テベク）の西側に暮らす人々は、山脈の東側の人々と違って「この風」を嫌い、西風を待ち望む。というのは、「この風」が山を越えて強く吹き下ろすと、農業用水が涸れて、稲の育ちが悪くなるからだ。

　①山谷風（やまたにかぜ）の一種。

②朝鮮王朝時代に水田農法を発達させた。

③オホーツク海高気圧が日本海に停滞するときによく発生する。

④山を越える際に湿気を含むため発生する。

⑤稲の収穫期に吹くことが多い。

　この問題を検討していけば、勉強のやり方がよくわかるだろう。問題文のなかにある「この風」とは、北東風のことだ。地理の教科書には、韓国の気候の特色を説明する単元があるが、そこに「気圧と風」編がある。この編の最後に北東風の性質に関する言及がある。下に引用してみよう。

> 晩春から初夏にかけて、太白山脈の西側の地方には高温で乾燥した北東風が吹き、農作物に被害を与える。これは山脈の影響でフェーン現象が起こるためだ。

　この教科書の文にも詳しく書かれているが、地理の勉強を少しでもしていれば、この北東風が重要な概念であることを知っているだろう（重要かどうかどうしてわかるのかと思う人がいるかもしれないが、これはしっかり勉強してときどき問題集を解いていれば自然にわかることだ）。このように重要な概念が出てきたら、ただ教科書の文章だけ読んで済ませるのではなく、それが何を意味するのか、どうしてそんな現象が起きるのかということを自主

的に調べて、正確に理解しておくべきだ。百科事典の助けを借りてもいい。

さて、選択肢①には山谷風という用語が出てくる。この用語は地理でも出てくるが、主に地球科学で言及されることが多い。ここで重要なのは、単に山谷風という単語を知っていることではなく、この風が吹くメカニズムを理解すべきだということだ。山地と平地とでは地面の加熱・冷却の速度に違いがあるが、それによって山地と平地の上空で気圧に差が生じ、この気圧の差によって山谷風が吹く。その事実を理解することが大切なのだ。

②については、水田農法が何かを知らなくては正解かどうか判断できない。ふだんから教科書に出てくる用語に関心を持って勉強すれば、用語を暗記したり、その用語を理解したりするのも容易になる。水田と畑の違いは、農地に水が満たされているかどうかという点だ。

水田には水が多く必要だということがわかれば、カギとなるのは「この風」が梅雨前線のように雨を多くもたらすかどうかという点だ。だが、前で調べたように、北東風は太白山脈の東側にだけ雨を降らせ、山脈の西側には干ばつを引き起こす。だから、②は誤りであることがわかる。③、④、⑤の場合、北東風とは何か、そしてそれがなぜ吹くのかを前述のように知っていれば、正誤は簡単に判断できる。

ここまでの話をまとめると、**ある科目の用語や現象を勉強するときは、まずその意味をしっかり頭に入れた上で、その現象が起きる理由や原因を明確に理解することが、正しい学習法だ**という

ことだ。

脳の思考力が育つ

　　最後に強調しておきたいことは、各科目の教科書を何度も繰り返して読むべきだという点だ。ところが多くの人が、教科書には基本的な内容しか書かれておらず、それだけでは受験には足りないと思っており、分量が多く内容も難しい参考書を使っている。得てしてそうした参考書は、高校で習わない内容が説明もないまま多く含まれていて、勧められたものではない。

　　教科書を繰り返し読むことが大切だと言ったが、だからといって、ただ前に読んだことを忘れないようにと惰性でページをめくってもしかたない。読むたびに、初めて読むような気持ちで一文字一文字、図版も含めてしっかり読むべきだ。

　　こんなふうに真剣に読めば、同じ内容でも読むたびに新たな発見がある。最初に読んだときには特に意味を持たないように見えた文章や数式が、ある瞬間から深い意味を含んでいることに気づくのだ。この過程を繰り返して蓄積するほど、勉強は深みを増し、脳の思考力も育っていくのだ。

　　次はもう少し具体的に、各科目の私の勉強法を整理してみよう。

国語攻略法

　旧来の入試では、文法や文学史の知識を問う問題が主に出題されていた。だが、現在の修能試験では、言語使用能力を測ることに主眼を置いている。聞き取り問題が何問か出題され、作文能力を試す問題が１、２問出るが、ほとんどの問題が言語使用能力、なかでも教科書に出てこない問題文の読解力を測ることに割り当てられている。与えられた文章を読み、その内容をどれほど正しく理解できるかを測定しようとするものだ。だから修能試験の言語能力科目に備える最もよい方法は、読書力を高めることだ。大学入試に備える人は、過去問を解いて、この点を直接確認してみてほしい。

　とはいえ、教科書に出てくる文学史的知識が必要ないというわけではない。いまも昔も国語の試験であることには変わりないから、ジャンル別の文章の構造とか展開方法、文学史的知識などは多いに越したことはない。こうした知識は問題文を読解する際に肝心なだけでなく、問題文の内容をもとに問題を解くときに一種のツールとしても役立つ。

　私の場合、２年間にわたり共通テストの準備のために文法・文

学史の知識をある程度蓄えてあったので、修能試験に備えた国語の勉強では、主に読書力の向上に重点を置いた。時間が許す限り、社説をはじめ新聞や週刊誌などの芸術・科学・IT分野関連記事、季刊学術誌に掲載された論文のうち一般人にも比較的読みやすいもの、そして短編小説と詩集などを、できるだけ多く読むようにした。

　そして問題集をやるときも、**問題を解くことより問題文を注意深く読む**ように努めた。政治経済や社会文化、倫理社会などの科目の教科書を読むときも、単にその科目の勉強をするためというより、これも一種の読書だと考えて、文の構造や文章同士のつながりを意識しながら読むようにした。

　本格的な文学作品を読めればもっとよかっただろうが、何しろ時間に追われていて、1冊の本を最初から最後までじっくり読み通すのは簡単ではなかった。

辞書を引く習慣を身につける

　読書力を向上させるために多くの文章を読むのも重要だが、ひとつ付け加えたいことは、**読むときに必ず国語辞典を引く習慣を身につけること**だ。文をつくる基本単位である単語を正確に解釈することが、正しい読書の必要条件であることは言うまでもない。こんな当たり前のことを言うのは、**国語辞典を引くことが実際に読解力向上に非常にプラスになる**ことを私自身経験したからだ。英語辞典を引く手間の10分の1でも国語辞典を活用すれば、国

語の語彙をもっと正確に理解するだけでなく、ずっと豊かな語彙力を身につけることができるだろう。

　修能試験でも、語彙の問題がかなり多く出題される。国語の語彙力の足りない受験生たちに警鐘を鳴らす意味もありそうだ。受験生はいっそう入念に国語辞典を引くべきだろう。

英語攻略法

私の英語勉強法の特徴は、英英辞典をよく使うことだ。英和辞典は受験勉強を始めた頃に１年使っただけで、その後はずっと英英辞典を使ってきた。英語の読解で知らない単語を英和辞典で引くと、意味がいくつも書かれていることが多い。意味の違いごとに番号を付して分類してあり、さらに各番号のなかにも似たような意味の単語が何個も並んでいたりする。

これらの多くの意味をすべて覚えるのは大変だが、だからといって、いま読んでいる文章の文脈に一番近い意味を１個だけ覚えても、次にまた同じ単語が出てきたときに困りそうだ。では、辞書に出ている解釈をまるごと覚えるべきだろうか。それができたとしても、その解釈を集めたものがその単語の本来の意味を正確に表していると言えるのか。もちろん、それらいくつかの解釈全体を通じて連想されるイメージがあり、これがその単語本来の意味だと見当がつくこともあるが、難しい単語だとそれもうまくいかず、１個の単語のなかにまったく違った意味が複数ある場合は頭を抱えてしまう。

考えた末に、私は英英辞典を使うことにした。英英辞典を読め

ば、日本語の解釈にはとらわれずに、その英単語本来の意味を知ることができるからだ。

　書店で売っている英英辞典には2種類ある。ひとつは、ロングマン（Longman）やコリンズ（Collins）のように非英語圏の英語学習者向けにつくられたもので、単語の定義を易しく説明し、多くの例文が載っている。この種類の英英辞典は比較的読みやすい。ロングマンの場合は、基本単語の2000語だけを使って意味を説明している。もうひとつは、英語ネイティブが自分たちの母語を調べるための、いわば「国語辞典」としての英英辞典だ。英語ネイティブのための辞書なので、受験生が使うには少し難しい。

　英英辞典を使うには少々コツが必要だ。誰でも最初は苦労するが、すぐに慣れるだろう。だが、使い方を教えてくれる人がいないため、なかなか英英辞典を引く気になれないかもしれない。そこで、私の英英辞典利用法を説明しておこう。

英英辞典の賢い使い方

　まず辞書に出てくる単語をひとつ例に挙げる。

> invade/inveid/v.tr.(often absol.)①enter(a country etc.)under arms to control or subdue it.②swarm into.③(of a disease) attack(a body etc.).④encroach upon(a person's rights, esp. privacy).*invader n.[L invadere invas-(as in-2,vadere go)]

このようにinvadeという単語を引いたら、まず発音記号を確認する。次に品詞が他動詞であることを確認し、定義を番号順に読んでいく。定義①を見て、いったん次のように解釈をしてみる。「（ある国家などに）それを支配したり屈服させたりするため、武装して入っていく」。これで、この単語の意味がわかる。

　次は、この解釈に合った日本語の単語を考える。このinvadeという単語の場合は、「侵略する」という単語を容易に思い付くだろう。暗記するときは、長い解釈文を丸ごと覚えるのではなく、「侵略する」という意味だけを覚えればいい。②、③、④も同じように読んでいき、日本語の単語を当てはめてみる。暗記する必要があれば、やはり日本語の単語だけを覚えていく。

　さらに末尾の語源の説明まで読めば、単語に対する理解を広げることができ、暗記にも役立つ。この単語の場合、ラテン語invadereを語源としており、「中に」という意味のinと「行く」という意味のラテン語vadereから派生したvadeの合成語であることがわかる。こうして単語を分析して語源を把握しておけば覚えやすく、未知の単語の意味も推測できるようになる。例えばvadeという語根は、よく見かけるevade（避ける）、pervade（浸透する）などの単語にも表れる。辞書を引けばわかるが、これらの単語の意味が「行く」と関連していることが推測できる。

　このように**英英辞典を使って英単語になじんでいけば、単語の意味を正しくつかむことができる**という利点がある。だが、英英辞典を引くのは思ったより簡単ではない。

　第1に、単語の定義を説明する英文にも知らない単語があるた

め、解釈が難しいことがある。そんなときは、この知らない単語を調べる必要があるが、その単語の定義にもさらに知らない単語があると弱ってしまう。こんなふうに単語1つ調べるために、さらに別の単語をいくつか調べる手間をかける覚悟が必要だ。

第2に、単語の定義の説明文に知らない単語はないのに、意味がよくわからないことがある。とりわけ抽象的、観念的意味を持つ単語の場合、このような困難はより大きくなる。

第3に、花や動物の名称などは、英文の説明だけでは日本語の名を知ることは難しい。

第4に、英文の定義が解釈でき、何を言っているのかわかっても、それに対応する日本語の単語が思い付かないこともある。このような場合、その単語を暗記したり翻訳したりすることが難しい。また、日本語の単語を何となく思い付いても、それが正しいのかどうか確信できないこともある。そんなときは、何となく思い浮かんだ単語を国語辞典で引き、その単語が英文の定義と一致するかを確認しなくてはならない。

こうした手間がかかるため、英英辞典を引くときは英和辞典も一緒に引く必要が生じる。そう言うと、なぜ時間を無駄にしてまで英英辞典を引くのかと思われるかもしれないが、この**手間をかけてから英和辞典を引くのと、すぐに英和辞典を引くのとでは、単語の理解の深さに差が生まれる**のだ。

世の中、何でもそうだが、いくら面倒で嫌なことでも、そこにはよい点もあるものだ。確かに、単語1個の意味を知るために何度も辞書を引くのは面倒で、煩雑だ。だが、そのプロセス自体が

語彙力を伸ばす道にもなる。

　また、英語の勉強をしながら国語辞典を引くことは、必ずしも時間の無駄だとは言えない。ある英単語の定義を読み、国語辞典を調べながらその単語の意味を考えようと頭をひねれば、国語の語彙力も豊かで正確になるというおまけもついてくるからだ。

　以上、英英辞典の使い方とその長所・短所について考えてきた。もちろん、難しくてもやろうと決めれば、英英辞典を使って英語の実力を伸ばすことができるだろう。だが、英語を得意科目にするには絶対に英英辞典を使うべきだ、とは思わない。実際、大半の人は英和辞典だけ使って英語ができるようになっている。

　また、入試を控えた受験生にとっては、英英辞典は慣れるまでに時間がかかり、引くのも手間なので、ここで苦労する必要はない。**重要なのは、どんな辞典を使うかではなく、英語をもっと深みを持って理解しようという心がけ**だ。

英文法の勉強法

　次に、英文法の勉強法について説明しよう。英語において、文法の理解は単語力をつけるのと同じくらい重要だ。簡単な英文なら文法的知識がなくても解釈できるが、文章が入り組んでくると、文法的知識を土台に構文を把握していかないと解釈を間違えてしまう。

　だが、英語の文法書を読むのは決して楽ではない。何より参考書が分厚いため、なかなか読む気にならない。それに文法書には

覚えるべき事項が多いが、それを暗記するのも大変だ。ともかく、1冊の文法書を読むためには、かなりの忍耐力と根気が必要であり、時間もかかる。

　そういうわけで、**私は英文法の参考書を読破したことは一度もない。**中学では他の科目に比べて英語の成績はそう悪くなかったし、高校でも英語の勉強はときどきやっていたおかげで、英文法に関する知識はそれなりにあった。だから受験勉強に取り組み始めたときは、文法をマスターするために退屈な文法書を嫌々読むよりも、もっと取り組みやすい読解の勉強に力を入れることにした。

　こうして読解の勉強をしながら、文法的構造がよくわからない構文に出くわしたら、そのたびに文法書を開いて理解するようにした。一方、「仮定法」のような複雑で重要な事項については、週末などに時間をつくってその部分だけ集中的に勉強した。

　いまの入学試験では文法的知識を問う問題はさほど多くなく、難問もあまりないから、文法書を丸ごと1冊覚える必要はない。それに文法はそもそも英語を読んで理解するためのツールなので、必要に応じて部分的に覚えていくやり方も悪くないだろう。

　その代わり、ふだんから英語読解の勉強をしているときに、文章の構造と単語の用法、熟語とイディオムの意味などについて、しっかり確認する習慣を身につけなければならない。この点については十分な説明が必要なので、英語の過去問から、読解問題をひとつ例に挙げて見てみよう。

下記の文の要旨を最もよく表したものを選びなさい。

Don't wish your life away making impossible plans for your future. Grand plans are fun, but not really helpful if you can't achieve them. And don't let other people pressure you into trying to achieve things that you know are not possible. You'll only worry about achieving them, and that will trigger a whole host of new anxieties. Set yourself realistic goals, and aim to achieve them one step at a time. Remember that life is precious and you need to live in the present as well as hold on to your dreams for the future.

①過去に執着してはならない。
②遠大な夢を持つべきだ。
③現在より未来を重視せよ。
④達成可能な目標を追求すべきだ。
⑤未来を心配しないようにせよ。

　英文読解では、一度全体を読んでみるといい。それから最初の文章から再びじっくりと検討していく。この問題文の最初の文章程度なら、その意味をつかむのは容易だが、いざ正確に翻訳しよ

うとすると簡単ではない。まずawayの意味とその文中における要素がはっきりせず、making以下の句が動名詞句なのか、分詞構文なのか、それとも動詞wishとともに慣用的に使用されているのかが曖昧だからだ。このように不確実な部分があったら絶対に放っておかずに、辞書と文法書にあたって解明しておくべきだ。

辞書でawayを引くと、重要な単語なので多くの説明が出てくる。これらを一つひとつ読みながら、どの意味がこの文章に最もしっくりくるのかをよく考える必要がある。このプロセスを繰り返しながら、awayの多くの意味と文章における役割を自然に身につけることができる。

だから、自分で調べるのが面倒だからといって、解説集のようなものに載っている簡単な単語解釈に依存する習慣は捨てたほうがいい。**自分の手で直接調べて頭を使うことで、次第に難解な点を解決する能力が身につき、これが本物の実力へとつながる**からだ。

making以下については、動詞が〜ing形になっているため、文法書の分詞構文や動名詞の章を確認する必要がある。実際、こうした特殊な文章を文法書を見ながら解釈するのは簡単ではないため、うまく解釈できない場合は先生に質問することにして、時間のあるときに文法書を参考にするのがいい。このように**問題意識を持って文法書を読めば、漫然と読むよりもずっと効率が上がる。**

問題になるawayとmaking以下をすべて検討しても、依然として文章がはっきり解釈できないようなら、よく知っていると思っている単語がもしかするとここでは例外的な用法で使われている

のではないかと考えてみよう。この文章でその検討の対象になるのは、wishと動名詞として見たときのmakingの関係、そしてwish your life awayが熟語である可能性などだ。

　wishのような頻出単語は見慣れているため、わざわざ辞書を引こうと思わなくなる。読解でうまく解釈できず、大きな誤訳をしてしまう場合、次の2つのワナにはまっている可能性が大きい。第1に、例文のwishのように、よく知っていると思っている単語が、自分が知っているのとは違う意味で使われているケースだ。第2に、まったく予想しなかった部分が熟語的または慣用句的に使われるケースだ。

　したがって、うまく解釈できない文章は、その文章のあらゆる部分を検討の対象に含めるべきだ。最近の辞書はよくできているため、分類されているさまざまな意味とそれに付された例文をじっくり読んでみるだけでも、こうした検討は十分可能だと思う。

　問題文のなかでは、他の文章と比べて3つ目の文章が最も複雑な文章構造を持っているようだ。you knowという挿入節とthat以下の関係代名詞節が含まれているためだ。事実、この文章は超難解とまでは言えないが、難易度が高くなれば構造も複雑になるものだ。

　長く複雑な文章を読んでいると、最初のほうは意味を考えながら読めても、最後のほうは意味がつかめないまま発音練習でもしているような状態になってしまうことがよくある。私はこんなときは、ひとまず最後まで読んでピリオドを探す。

　次に文章の主語、述語、目的語などの骨格となる要素を探し出

し、その上で形容詞や副詞句、関係節、挿入された部分や倒置された部分などを付け加えていくのだ。こうしてじっくりと解釈していけば、どんなに長く複雑に見える文章でも糸口をつかむことができる。

　文法の勉強だからといって、必ず文法書を読まないと身につかないというわけではない。読解しながら文章を注意深く読めば、むしろ英語という言語の特性を生きたまま学ぶことができるのだ。例文を見ると、a whole host of new anxietiesでanxietiesが複数になっている点、one step at a timeが一種の名詞句であるにもかかわらず、前に前置詞などを伴わないまま副詞句の役目をしている点、最後の文のas well asの前後にliveとholdが対等な状態で続いている点、そしてthe future、the presentに見るように、過去、現在、未来という単語には定冠詞がついている点などに着目しながら英文を読む習慣を身につければ、それが積もり積もってしっかりした文法的知識となるのだ。

　読解と関連してもうひとつ強調したいのは、**意味がよくわからなくてもすぐに解説に頼ろうとせず、独力で頑張って意味を把握するべきだ**という点だ。よくわからない部分があったら、むしろ積極的に取り組み、自分で解決しようと努力するときこそ、能力が開発され、最初は暗号のように見えていた文章も次第に理解できるようになるものだ。

　もうひとつ、「英語の勉強」に欠かせないものがある。すなわち単語帳だ。**繰り返し何度も見ることこそ、英単語を完全にものにする最良の方法だ。**どうせなら、英単語のすぐ脇にその意味を

書くよりも、片面は英単語だけを書き、意味は裏に書いて一目で見えないようにしたほうがいい。

　こうすれば、単語帳を開くとまず英単語を見て、自分がその単語を覚えているのか毎回確認できる。また英単語を見て頭のなかからその意味を考えたり、逆に裏に書いた意味を見てそれに該当する英単語を思い出すというように単語帳を活用したほうが、機械的に英単語とその意味を見るよりも、ずっと面白く効率も上がる。

　ここまで、私が英語の勉強をしながら思ったことを書いてみた。人間というのは、何でもすぐに忘れてしまうものだ。ましてや、あまり見慣れない外国語を覚えておくのは大変だ。それに英語はテストでの配点比重も大きい。だから毎日少しでも、休まず勉強を続ける必要がある。そうやって**英語の感覚を維持することこそ、英語の実力を向上させる大きな基礎になる**のだ。

数学攻略法

受験勉強のなかで最も難しかった科目は何かと聞かれたら、断トツで数学だったと答えるだろう。さらに最も面白かった科目は何かと聞かれたら、やはり断トツで数学だったと答えることだろう。ここでは、5年にわたって私を数限りなく悩ませ、同時に楽しませてくれた、いまや一番愛着のある科目になった数学について語ろうと思う。

数学は基礎が大切だ

よく言われるのは、**数学は基礎が大切だ**、ということだ。基礎が大切だというのは他の科目も同じだということは、改めて言うまでもない。では、数学の基礎とは何だろうか。

一言で言えば、それは中学と高校の教科書に出てくるすべての定義、定理、法則、原理のことだ。「二辺の長さが等しい三角形を二等辺三角形という」というような、それこそ基礎的な定義から、剰余定理、因数定理、導関数の定義、不定積分と定積分の関係等々、多くの定義と定理と法則と原理の集合体が、すなわち数

学という学問ではないかと思う。

　これらが重要なのは、数学が演繹的な学問だからだ。すでに知られている事実、定理、定義、仮定を土台にして、新しい事実を推論していく過程が、すなわち数学的思考の本質なのだ。

　では、これらをどう勉強すればいいのだろうか。**最もよい方法は、中学と高校の数学の教科書を繰り返し読むこと**だ。学校の数学教科書など取るに足りないものと思っている人が多いが、数学の勉強をするなら、教科書は決して手放せないほど重要だ。

　例えば、次の２つの数学の問題を比べてみよう。

例題 1　三角形ＡＢＣの辺ＡＢ、ＡＣをそれぞれ一辺とする正三角形を下図のように描き、頂点をそれぞれＰ、Ｑとしたとき、ＰＣ＝ＱＢであることを証明せよ。

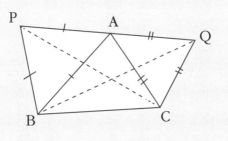

例題2　下図のように線分ＡＢ上に点Ｃを打ち、線分ＡＢの上方に２つの正三角形ＡＣＤ、ＢＣＥを描いたとき、ＡＥ＝ＤＢであることを　証明せよ。

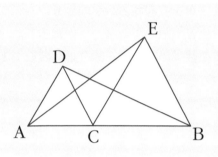

　図が少し違うが、よく見ればこの２つの問題は本質的に「同じ」問題だということがわかる。だが、この２つの問題の出所を知れば、驚く人が多いだろう。〈例題１〉は中学２年の数学教科書に載っていた問題であり、〈例題２〉は修能試験の数理・探究Ⅰの過去問だ。基礎からやり直そうと思って私が古本屋で買った中学の数学教科書に出ていた問題が、ほとんどそのまま修能試験に出題されたのだ。

　実際、私の場合は教科書の重要性を知って以来、ソウル大の大学別試験を受けるために田舎からソウルに上京した日まで、高校の数学教科書を毎日最低１時間は目を通すようにしていた。いつも初めて読むつもりで何度も繰り返しページを繰るたびに、数学の奥深い世界を理解することができたのだ。

教科書で基礎を十分理解したら、今度はそれを記憶しなくては
ならない。だから、常に定理や公式の名前を挙げたら、それに関
する問題がすらすらと解けるようにしておくべきだ。
　基礎の重要性がよくわかる問題をひとつ解いてみよう。

例題3　　下図は正方形を組み合わせたものだ。正方形
Aの一辺の長さとBの一辺の長さの比を求めよ（＊ア〜
コは私が便宜上表記したもの）。

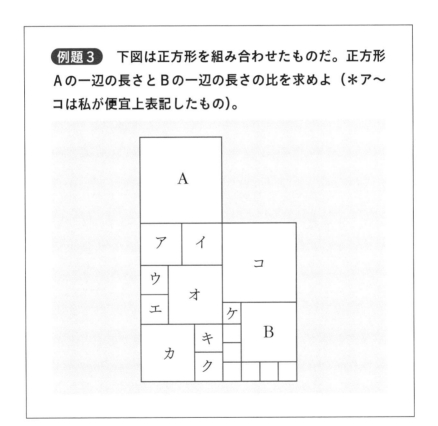

　これも修能試験の過去問だが、一見しただけではどこから手を

235

付けたらいいかわからない。だが、基礎さえしっかり固めておけば、簡単に解くことができる。

　問題文をもう一度読んでみよう。問題文を構成する2つの文章のうち、最初の文は事実を提示しており、2つ目の文は最初の文と図で示された事実をもとに、結論として何を導き出すべきかを示している。ここではまず、求められている結論を明確に認識しなくてはならない。それでこそ、その結論を導くための方法と筋道を決めることができるからだ。

　この問題が求める結論は、2個の正方形A、Bの一辺の長さの比を求めよというものだ。したがって、この問題を解くには、まず「比」について理解している必要がある。これが基礎である。

　まず正方形A、Bの辺の長さをそれぞれa、bとする（もちろん問題のどこにも正方形の辺の長さがa、bとは書かれていない。これは私たちが恣意的に決めた仮定に過ぎない。数学の問題を解くときは、こうした仮定が非常に重要だ。これについては後でまた言及する）。ここで$\frac{a}{b} = \frac{m}{n}$（ただし$m$、$n$は互いに素な整数）の関係が成立するとき、$a$と$b$の比、すなわち$a{:}b = m{:}n$となる。このような比の概念によれば、$\frac{a}{b} = \frac{m}{n}$、すなわち$an = bm$のような$a$、$b$間の関係式を導くことが、この問題を解くカギであることがわかる。要するに、この問題を解くにはa、b間の関係式が必要であることが、「比」という極めて基礎的な概念の理解から導き出せるわけだ。

　こうして問題の解決法がわかったら、問題に示された事実を検討して、aとbの関係を導き出さねばならない。

図を見ると、正方形AとBの間にはさまざまな正方形が描かれており、これらがaとbを関係づける媒介となるものであるのは明らかだ。では、この多くの正方形はaとbをどう関係づけているのだろうか。この問いに対する決定的なカギは、図に描かれた四角形がすべて正方形であることにある。正方形とは四辺の長さが等しい四角形のことだ。これは誰でも知っている基本的な定義だ。この定義に従えば、アとイは合同な正方形であり、その辺の長さはaの半分、すなわち$\frac{1}{2}a$である。なぜなら、正方形Aとア、イだけを示した〈図1〉で、アが正方形だから$l_1 = l_2$であり、同様にイにおいては$l_1 = l_3$であるから、結局$l_2 = l_3$になるからだ。

　正方形ウ、エ、オだけを描いた〈図2〉において、同じやり方で考えると、ウとエは合同であり、その辺の長さはオの辺の長さの半分であることがわかる。

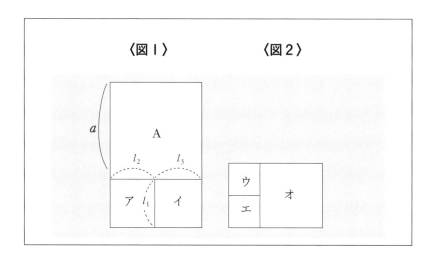

したがって、ウとエの辺の長さは$\frac{1}{3}a$となり、オの辺の長さは$\frac{2}{3}a$となる。正方形カ、キ、クについてもこれと同様に考えれば、オとカ、そしてウ、エとキ、クはまったく同じ正方形であることが立証される。

ところで、aとbを関連づけるために、Aから梯子を下ろすようにして各正方形の辺の長さをaで表してきた私たちの努力は、ここで袋小路に突き当たってしまう。だが、ここまで考えた人なら誰でも、この袋小路で引き下がることはないだろう。Bでも同じように、周囲の正方形の長さをbで表しながら、先にやったのと同じような点を探せばいいからだ。

正方形の定義に忠実に、前で説明したのと同じように考えてみれば、ケの辺の長さは$\frac{1}{3}b$であることがわかり、したがってコの辺の長さは$\frac{4}{3}b$となる。また、BとBを取り囲む7つのケがつくる四角形は正方形であり、この正方形はコと合同な正方形となる。したがって正方形イ、オ、キ、クが共有する直線の長さは、コの一辺の長さの2倍である。すなわち$\frac{8}{3}b$となる。ところで、私たちが先に進めてきた推論によれば、この長さは$\frac{11}{6}a$である。すなわち$\frac{11}{6}a = \frac{8}{3}b$、つまり$11a = 16b$となる。

これがすなわち私たちが到達しようとしていたaとbの間の関係式である。これを変形すれば$\frac{a}{b} = \frac{16}{11}$となり、したがって「比」の概念によれば$a:b = 16:11$となる。

結局、私たちは漠然として見えていた問題を、「比」「正方形」というごく基礎的な数学の概念を土台に解くことができたわけだ。

xを通じて見た数学的思考の特性

　方程式に関する記録は、遠く古代中国の文献にも見られるという。だが、数の代わりに文字を使って方程式を研究するようになったのは、近代以降のことだ。

　私たちはすでに小学生のうちから代数を使った基本的な方程式を学んできたので、次のような問題は簡単に解くことができる。「ある数に3を足して、さらにこれに2をかけた後、この結果から4を引くと6になった。この数はいくつか？」

　だが、もし私たちがxという未知数を使ってこの問題を解くことができるのを知らない時代の人間なら、果たしてこの問題をどうやって解くことができるだろうか。もちろん、解けないわけではない。例えば「ある数」を5と仮定して実際に計算してみれば、答えは12となる。問題に出てくる6よりもずっと大きい。次に「ある数」を3と仮定すると、8となる。それでも大きい。今度は2と仮定すると、$2 + 3 = 5$、$5 \times 2 = 10$、$10 - 4 = 6$。こうして、この問題の答えが2であることがわかる。

　では、学校で習った方程式を導入してみよう。すると、この問題で言う「ある数」をxとすればいい。つまり、何か具体的な数を当てはめて実際に計算しながら答えを探すのではなく、すでに答えを求めたものと見なして、この答えをxと仮定するわけだ。この大前提と問題の条件をもとにすると、$\{(x + 3) \times 2\} - 4 = 6$という等式が導かれる。この等式が"真"であるとすれば、両

辺に 4 を加えた$(x + 3) \times 2 = 10$もまた真の命題となる。ここからもうひとつの真である命題$x + 3 = 5$が導かれ、この両辺から 3 を引けば最終的な真の命題$x = 2$が導かれる。これがすなわち、私たちが求めようとしていた答えである。

　ここまでの推論のプロセスを整理してみると、求めようとする答えをxと仮定することで、問題の条件に合致する最初の等式をつくり、この等式を倒置転換する過程を踏んで解いていき、最終的に最も簡単な等式を導くことでその解を明らかにする。これが方程式を解くことの根源的原理だと言える。このように方程式の解を求める原理を理解すれば、「解く」（国語辞典によれば、「結んだりしばったりしてあるものを、ゆるめて分け離すこと」）という言葉がなぜ方程式の解を求めることを意味するのかわかるだろう。

　この代数方程式は数学の代表選手と言うべきものだが、その基本原理には数学的思考の重要な特性が含まれている。この簡単な例題でも明らかなように、数学の問題を解くプロセスは、彫刻家が丸太を削って自分の意図した作品を作りあげる作業とまったく違ったものだ。むしろ逆で、数学的思考というのは、問題に示された条件に合った答えがすでに出ているものと考え、それが正しいという前提を土台にして、もうひとつの"真"である事実を推論していく、いわゆる「演繹推論」のプロセスをたどるものだ。

　かなり抽象的な説明になってしまったが、より具体的に説明するため、いくつか問題を例に挙げてみよう。やはり修能試験の過去問からだが、ここで実際の試験問題をしばしば取り上げるのは、

最新の入試問題こそ知的に最も洗練されたものであり、その学問の最新トレンドと学界の雰囲気が反映されているからだ。また、入試に出る問題は、大学進学後もその学問領域をより深く研究する際に必須の基本的知識と思考的枠組みを示してくれるものでもある。

　これまで例に挙げた問題は、高校レベル以下と言っていいほど基礎的な知識を単純に適用したものだったが、次の例題は高校課程の多様な分野が複合された、やや複雑な問題となっている。

例題4　座標平面上の3点A（0, 2）、B（-1, 0）、C（1, 0）からなる三角形ABCの内部または辺の上にある点Pについて、辺AB、BC、CAまでの距離をそれぞれa、b、cとする。$4b＝5（a＋c）^2$であるとき、点Pの軌跡を求めよ。

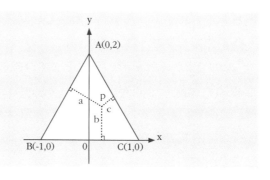

この問題を解くには、まず「図形の方程式」という概念を理解している必要がある。座標平面上に描かれた図形を作る任意の点のx、y座標を解とする方程式が、図形の方程式だ。このように座標の概念を導入して図形を方程式で表し、この方程式を分析することで図形の性質を研究する方法を「解析幾何学」と言う。それを考え出した数学者ルネ・デカルトの業績は実に驚くべきものだ。

　この問題で求めよとされる点Pの軌跡とは、言い換えれば点Pが問題の条件に合わせて移動するときに描く図形のことである。したがって、私たちが最終的に求めるべき結論は、Pが描く図形の方程式となる。では、どうすればこのような方程式をつくることができるのだろうか。

　この方程式がすでにつくられていると仮定し、これの解、すなわち点Pのx、y座標を（X, Y）と置くことで問題の解の大前提とすることが、方程式を求めるプロセスの出発点となる。こうして点Pの座標を（X, Y）とすると、条件式のa、b、cをX、Yに代えて表しさえすれば、それがすなわちこの問題が求める軌跡の方程式となるであろうことは、論理的に容易に思い付く。

　a、b、cは、点Pから三角形の三辺をなす直線までの距離だから、点と直線間の距離の公式を使えばa、b、cをX、Yで表すことはそう難しくない。もちろん、そのためには三角形の三辺をなす直線を直線の方程式で表さねばならない。こう説明しても、高校で学ぶ数学の基本的概念についてある程度知っている人でなければ理解できないかもしれない。だが、次は数学をまったく知らない人も理解できる例題を紹介するので、いま理解できない人も少し

辛抱して読み進めてほしい。

　問題の説明に戻ろう。直線の方程式を求めるのにもいくつかの方法があるが、この問題の場合、傾きと y 切片を把握することは比較的容易なので、私ならその方法を選ぶだろう。これに従い、代表として直線ABの方程式だけ求めてみるなら、$y=2x+2$ が直線ABの方程式となる。この直線と座標が $(X,\ Y)$ である点Pとの距離、すなわち a は点と直線の間の距離の公式に従い、

$$a=\frac{|\,2X\text{-}Y\text{+}2\,|}{\sqrt{5}}$$

である。同様に考えれば、c も求めることができ、b は点Pの y 座標の値となる。こうして X、Y で表された a、b、c を条件式 $4b=5(a+c)^2$ に代入して整理すればすべての問題は片付くが、上の a の場合でも見るように、絶対値記号の処理が問題として残る。これを解決するには、不等式の領域に関する基本的な知識が必要だ。

　座標平面上に方程式で定義された図形において、この図形上の点の x、y 座標が与える図形の方程式を満たす解であるのと同様に、不等式を満たす領域を座標平面に表したとき、この領域上のすべての点の x、y 座標は不等式を満たす。

　例題の場合を例に挙げれば、直線ABの方程式を満たす x、y 座標の点は、直線AB上の点であり、例えば不等式 $2X-Y+2>0$ が表す領域のすべての点はこの不等式を満たす。x、y 座標平面は直線ABによって直線の上方、直線、直線の下方の3つの領域に分割されるが、直線の上方または下方が上の不等式を満たす領域と

なる。そしてこの領域のうち、あるひとつの領域の一点が不等式を満たすかどうかだけ確認すれば、その点が含まれた領域全体がその不等式を満たすかどうかがわかる。これに関する詳しい内容は、数学教科書の不等式の単元に出ている。

こうした不等式に関する理解をもとにすれば、上の$2X-Y+2$の値が正か負か判断するためには、点Pが不等式$2X-Y+2>0$が表す領域に属するかどうかだけ判断すればいい。そのためには、直線に対して点Pと同じ領域にある点である原点の座標をこの不等式に代入すれば、この不等式が真となるという事実がわかる。すなわち、原点はこの不等式が表す領域に属する点である。したがって、原点と同じ領域に属する点Pのx、y座標も、この不等式を満たす。つまり$2X-Y+2>0$である。これによりaをX、Yに代えることに障害になれば、絶対値記号の問題も解決されるわけだ。

こうしてa、b、cをX、Yで表し、問題の条件式に代入して整理すると、$(Y-1)(Y-4)=0$となる。この数式を言葉で表せば、「Yは1またはYは4である」となる。ところで、問題を解いていく最初の仮定で、点Pは三角形内の図形であると言ったので、$Y=4$にはなりえない。したがって$Y=1$となる。

ここまでの推論のプロセスを、数式で簡単に表して整理してみよう。最初のプロセス、すなわち問題の条件を満たす点Pの軌跡は、座標平面上に存在することが確実なので、それがどんな形態なのかはわからないが、ともかくこの軌跡上の任意の点Pのx、y座標を(X, Y)とするという仮定に従えば、問題の条件から

次の3つの等式が導かれる。

（1）　$a=\dfrac{|\,2X-Y+2\,|}{\sqrt5}=\dfrac{2X-Y+2}{\sqrt5}$

（2）　$b=Y$

（3）　$c=\dfrac{|\,2X+Y-2\,|}{\sqrt5}=\dfrac{-2X-Y+2}{\sqrt5}$

　X、Yで表されたa、b、cは、問題で示された条件式$4b=5\,(a+c)^2$を満たすので、（1）、（2）、（3）の式をこれに代入して整理すると、$(Y-1)\times(Y-4)=0$が導かれ、ここから$Y=1$という一連の推論過程の結論が出される。

　だが、この結論は、問題が最終的に求めている軌跡の方程式ではない。これはつまり、点Pが描く軌跡が一定の形で存在するという最初の仮定と、問題で提示されるこの軌跡の特性を推論の根拠として探り出した、この軌跡のひとつの属性に過ぎない。すなわち「点Pが描く軌跡の上のすべての点はy座標が1である」という意味であって、y座標が1であるすべての点が問題の条件を満たす軌跡ではない、ということだ。

　ところが、$Y=1$という属性を探り出したことは、この問題を完璧に解く上で必要な、重要な情報を得たことになる。Yとは何か。私たちの仮定によれば、Yは問題の三角形の辺と、その内部で点Pが描く軌跡を成す各点のy座標を意味する。ゆえに$Y=1$という情報は、この問題で求めるべき軌跡が三角形内部の線分または一点であることを物語るのだ。

　したがって、この両方の可能性をそれぞれ検討することで、最

終的な答えを得ることができるだろう。線分であると仮定すると、点Pが描く軌跡の上のすべての点の座標は、三角形内部に属する適切な範囲の任意の実数 t について（ t, 1 ）という座標で表すことができる。この座標で示されるすべての点が問題の条件を満たすかどうか確認するため、（ t, 1 ）という座標をもって問題の条件に従い a 、 b 、 c を求め、これを条件式に代入すれば、 t の値に関係なく常に条件式が成立することがわかる。こうした検証をもとに、やっと最終的な答えとして線分 $Y = 1$ を得ることができる。

ここまでの説明が理解できれば、このような検証作業をわざわざやる必要がないことはわかるだろう。なぜなら、上の（１）、（２）、（３）にある X 、 Y を t と 1 に置き換えたと見なして、先にやった推論過程を一度さっと見ただけで、十分な検証になるからだ。

一般的に高校課程の軌跡の問題は、単純なパターンであるだけでなく、それを解く過程の論理的展開が逆も同時に成立する過程となっているため、逆の検証は省略したり、簡単に確認しさえすればいいが、勉強するときは必ず逆命題を検証し、論理的完結性を持つ解になるようにするほうがいい。

以上、比較的複雑な軌跡の問題を例にとって、数学的思考のひとつの特性を説明してみた。すなわち、まずすべてが完成された答えがあると見なして、そこからこれが持つ性質を演繹推論していくことで、最初に仮定した完成された答えを再構成したり、その特性を把握するという原理である。

私は、この数学的論理を理解することは非常に重要だと考えている。そこで、これについてもう少し説明したい。今度は先ほど

予告したように、数学的知識がまったく必要のない問題を例に挙げよう。これも修能試験で過去に出題されたものだ。

例題5　下の正六面体から任意の3つの頂点を選んで三角形をつくるとき、図のような正三角形と合同の三角形をつくる方法はいくつあるか？

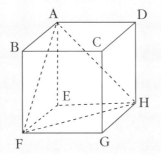

　ゆっくり考えている余裕のない試験の場で、このような問題に出くわしたら、あわててしまうかもしれない。問題で示されるままに三角形を描いていたら、個数が増えるにつれて重複することもあるだろうし、可能なすべての三角形を全部描いたかもわからなくなるだろう。そうしたら、せっせと描いてもその努力は無駄になってしまう。

　この問題を論理的・体系的に解くには、前の問題と同様、この

問題が求めている結果がすでに出ていると仮定する必要がある。すなわち、何個あるかはわからないが、正六面体の3つの頂点を結んで問題の図に描かれたものと同じ正三角形を誰かがすべてつくったものと仮定し、そこから想像力を発揮して考えていけば、それほど苦労せずに問題を解くことができる。そうすれば数え忘れたり重複したりする心配もない。

　では、実際に問題を解いていってみよう。

（1）まず、問題の条件を満たす正三角形を描くためのすべての方法の数をXと仮定する。

（2）図と同様に、この方法の数だけ正六面体をつくり、1個の正六面体に正三角形をひとつだけ描いたx個の正六面体があると仮定する（1個の正六面体にすべての正三角形を描こうとせずに、このように1個の正六面体に正三角形ひとつだけを描くことが一種のコツなのだが、このような発想は何度か練習を積み重ねれば簡単に身につくものだ）。

（3）正六面体と正三角形はどの方向から見ても同じ形をしているため、このx個の正六面体を適切に動かせば、そのなかに描かれたx個の正三角形はすべて問題の図に表された正三角形と同じように見えることになる（右図を参照）。

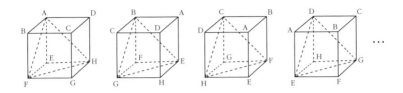

（４）次は、頭のなかに描いたこれらx個の正六面体を見て、その特徴を把握し推論することで、xという未知の数を可視化する番だ。

（５）ここからは推論をいっそう説得力のある、面白いものにするため、この状態に置かれたx個の正六面体が人間の命令を聞く存在だと仮定してみる。

（６）では、これらx個の正六面体に命令してみよう。「正三角形の上の頂点が正六面体の頂点Aである正六面体は全員手を挙げろ」。この命令に手を挙げる正六面体はいくつあるだろうか。もちろん１個しかない。正三角形上の頂点がAでありながら、問題の図のように見える正三角形は１個しか描くことができないからだ。

（７）同じ命令をAをBに代え、またCに代えながら、Hまで８回繰り返してみよう。それぞれの命令に手を挙げる正六面体の数は、最初の命令の場合と同様に、それぞれ１個ずつしかない。

（8）続けて、「以上の8回の命令に1度も手を挙げなかった正六面体があれば手を挙げよ」と命令してみよう。もちろん、1個もないはずだ。また、「これまで2回以上手を挙げた正六面体があれば手を挙げよ」という命令にも、やはり手を挙げる正六面体は1個もない。

（9）したがってx個の正六面体は8回の質問にそれぞれ1度ずつ、必ず手を挙げたことになる。結局、xは8になる。

　この論理的展開のプロセスを要約すると、まず問題が求めるままに条件に合った正三角形を1個ずつつくってはその個数を数えるのではなく、（2）のようにすべての正三角形がすでにつくられていると仮定する。ここが重要だ。この仮定と正六面体の特性をもとに、（3）のような推論をする。さらにこの推論を前提として、（5）のような面白い推論を展開することで、簡単かつ隙のない答えを求めることができた。

　この問題は求めるべき方法の数が比較的少なく、それゆえ推論のプロセスも単純だと言える。もっと複雑な問題に出会ったとき、上のような推論の方法はさらに大きな威力を発揮する。

　では、次にもう少し複雑な問題を紹介するので、読者の皆さんは自力で考えてほしい。もちろん、私が自分でつくったものではなく、以前に解いたことのある問題だ。

さいころの形をした正六面体に１から６までの数字を書き、目の配置が違うさいころをつくる方法は全部でいくつあるかを求めよ（ただし数字の形や方向は無視する）。

発想と数学的処理能力

数学の問題は大きく分けて、発想と数学的処理能力の２つの部分からなる。狭い意味で見ると、問題を解くときにまず発想し、その発想に従って一連の数学的処理のプロセスを行なっていくわけだが、多くの場合、この２つの要素はひとつの問題を解く間に何度も交互に現れるものだ。すなわち、最初に大きな発想によって方向を設定してから、その発想に従って数学的処理を行なうが、その過程で折々に小さな発想が必要になってくる。

数学は難しいと思う人が多いが、そこにはいくつかの理由があるだろう。元来、高校数学で登場する概念には理解できないほど複雑なものはないので、数学の基礎ができていない人であっても、基本からじっくり学んでいけば、そう難しくはないはずだ。

元来、基礎がある程度できている人でも数学が難しく感じるのは、この発想の部分にあると言えるだろう。やはり実際の問題を例に挙げて考えてみよう。

> **例題6** $k = 1, 2, 3, 4\cdots$についてb_kが0または1
> であり、
>
> $$\log_7 2 = \frac{b_1}{2} + \frac{b_2}{2^2} + \frac{b_3}{2^3} + \frac{b_4}{2^4} + \cdots$$
>
> であるとき、b_1, b_2, b_3の値を順番通りに書くと？
> ①0, 0, 0 　②0, 1, 0 　③0, 0, 1 　④0, 1, 1 　⑤1, 1, 1

　まず問題をよく見てみよう。私が考えるに、この問題は$\log_7 2$
の値を2進数で表せという問題の一部のようだ。問題で示された
等式の右辺が、中学過程で学ぶ2進法の展開式だからだ。

　だから「$\log_7 2$の値を2進数で表したとすると」次のように書
くことができる。「$0.b_1, b_2, b_3, b_4\cdots(2)$」このような過程が前の
段階で進んでいる状態で、この2進数を2進法の展開式で表すと、
問題で示された等式が出てくる。やはりこの問題でも、$\log_7 2$の
値を2進数で表していると前提し、ここから推論を展開していく
ことが、$\log_7 2$を2進数で表せという問題を解くプロセスである
ことがわかる。

　このくらいまで考えれば、問題を解くための最初の段階である
問題の把握は十分だと言えるだろう。先のいくつかの例題でも見
たように、数学の問題の多くは、こうして問題を十分に把握すれ
ば、問題が求める答えを得るためにどんなプロセスを経て、どの
ように推論を展開していけばいいのか推し量ることができる。と

ころがこの問題の場合、問題を構成するすべての基本的概念を把握しても、与えられた等式をどのように処理して推論していけばいいのか、依然としてよくわからない。

　結論から言うと、与えられた等式の両辺に2を掛けてやれば、この問題は非常に簡単に解くことができる。そのためには、logの基本的性質とその変換に対する基礎的な知識を身につけている必要があることはもちろんだ。これについては教科書に詳しく出ているので、その単元を勉強するときはその結果だけでなく、プロセスまで含めて確実に理解し暗記しておくべきだ。

　ともかく、等式の両辺に2を掛けることが、それ以降の一連の数学的処理の突破口を開く発想なのだが、こうした奇抜なアイデアはどうすれば生まれるのだろうか。問題の多くは、そこで示された数学的概念を把握していれば解くことができるが、この問題のようにそうでない場合もある。そんなときは、発想の難しさが痛感される。

　『学問の発見』という著書で名高い広中平祐ハーバード大学数学科教授〔当時〕は、こう述べている。

　「アイデア！　発想こそは数学者が最も重要視すべきものだ。数学においては、発想さえ確実に得られれば、あとは時間と努力の問題だ」

　もちろん、私たちは数学者ではないし、私たちが解くべき問題も広中教授が扱う数学の問題に比べれば、ごく簡単なものだろう。だが、私たちにとっても発想の難しさと重要性は決して無視できないものだ。数学の勉強をしていると、先に挙げた例題よりもず

っと深くて複雑な微分や積分に関する問題のほうが、むしろ簡単に解けることがある。微積分に関する問題は比較的パターン化されており、発想の必要性が少ないのに対して、先の例文では発想という要素が問題を解くカギを握っているためだ。どうやったらこうした発想を得られるのか考えた末、私は基礎的な概念をより深く理解しようと努める一方、数と数式のセンスを養うことに心を砕いた。

　数学は数と数式からなると言っても過言ではない。だから、数と数式のセンスを研ぎ澄ますことが、数学を得意科目にするための必要十分条件だと言っていい。野球選手が高打率を維持するために、バッティングの練習を欠かさないのと同じことだ。

　では、数と数式のセンスとは何だろうか。一言で言えば、数と数式を手際よく演算する能力のことだ。まず数の演算について考えてみよう。例えば６＋８＋９＋４という足し算をするとき、愚直に頭から足していくのではなく、まず６＋４をやり、これに８＋９を足すようにすれば、ずっと速く簡単にできる。７＋８＋５＋９＋６＋４＋７＋２＋９のような足し算も同じことだ。７＋８＋５＝20、６＋４＝10、９＋９＋２＝20というように、簡単に計算できるものから先に選んで計算し、それに残りを足してやれば、ミスもなく速く計算できるのだ。この方法は予備校の数学の先生から教わったものだが、このように数を自由自在に扱うことが数のセンスだと言える。

　もうひとつ、面白い例を挙げよう。先日、ある人と話をしていたとき、46×48という計算をする必要が生じた。ところが、２

人とも計算機もなければ、紙と鉛筆も持っていなかった。一見、特殊な訓練をした人でなければ暗算など無理な複雑なかけ算に見えるが、実は数のセンスさえあれば簡単に解けるのだ。

　46×48は難しい計算に見えるが、これを46×(50−2)と置き換えることで、問題はまったく変わる。これをさらに(46×50)−(46×2)と展開すれば、この程度の計算は誰でも暗算で処理することができる。それは特殊なケースだと思うかもしれないが、他の場合でもこのような変形はいくらでも可能だ。私は暗算を習ったわけでもなく、知能もIQ113と半凡だが、道を歩きながら横を通り過ぎる車のナンバーを見て4ケタの数を足すなどして、根気よく練習を積み重ねた末、上のような2ケタ同士のかけ算程度は比較的自由に暗算でできるようになった。

　このように暗算で四則演算が自在にできる力を付けると、数学の問題を速く正確に解く際にかなり役立つ。紙に書いて計算するほうが正確だと思うかもしれないが、テストで時間に追われながら鉛筆を動かして筆算していると、とんでもないミスをすることがよくあることは、誰でも経験からわかるだろう。

　数学の問題を解く際は、どうせ計算することが必要となる。それに備えて、演算結果をなるべく多く覚えておくといい。基本的に1から30までのかけ算や、試験問題でよく使う数の足し算とかけ算などを頭に叩き込んでおくと非常に便利だ。例えば1から5までの数を足すと15であるとか、5！は120、$_5C_2$は10といった簡単な計算結果はたくさん覚えておくほど貴重な財産になる。

　このような数の感覚や演算結果の暗記は些細なことに見えるか

もしれないが、それを強調するのは、ただ速く計算するためばかりではない。ある種の問題では、数と数との関係を把握するセンスが、問題を解く決定的なカギになることがあるからだ。

　次に数式のセンスについて考えてみよう。数学の教科書を読んだり問題を解いたりしていると、公式を導出したり問題を解いていく過程で奇抜なアイデアが登場し、数式が処理されるケースがある。
　次の簡単な例を見てみよう。

自然数aからnまでの合を$S=\sum_{k=a}^{n}k$で表すと、

$S=a+(a+1)+(a+2)+\cdots+(n-1)+n$ ー①

またS$=n+(n-1)+(n-2)+\cdots+(a+1)+a$ ー②

であるから、2つの式の各辺同士を足せば

$2S=(n+a)+(n+a)+(n+a)+\cdots+(n+a)+(n+a)$

$\quad=(n+a)+(n-a+1)$

$S=\sum_{k=a}^{n}k=\dfrac{(n+a)(n-a+1)}{2}$

---

　①の右辺を計算するため、これを逆に書いた②をつくり、この2つを足すことで簡単にSの値を求めることができることを、この公式導出の過程は示している。ここで①の右辺を逆にして、こ

れらを足すという発想は、非常に機転の利いた数式処理だと言えよう。

数学の勉強のなかでこんなアイデアを見つけたら、いつ、どんな状況と条件の下でそれが使われるのか、また、そのアイデアがどうやって導き出されたのか、そして、そのアイデアがどんな結果をもたらすのかなどを、じっくり考えてみるといい。これこそが、数式のセンスを育てる近道だからだ。

例えば、先に紹介したlogの問題のように、分数式の分母に累乗がずっと続いた等式は、分母となっている数を両辺に掛けると、分母が最も小さい分数を整数化することができるという事実を頭にインプットしておくべきだ。

効率的に覚えるには、このような長い文を丸ごと記憶するのではなく、自分で覚えやすい短い名前を付けるのもいい方法だ。例えば私なら「掛けて分母をひとつずつ消してしまえ」という名前を付ける。こうして短い名前を付けておけば、記憶するのがずっと楽になる。

ここで「暗記」とか「記憶」とか言うと、もしかしたら反感を抱く人もいるかもしれない。最近の入試では暗記力よりも思考力が重視されるというのに、なぜ暗記の重要性を強調するのか、勉強のできる人たちは、暗記力よりも理解力のほうが重要だと強調するではないか、と。

もちろん、それはその通りだ。どの科目でも、根本的な理解の裏付けがないまま機械的に暗記しても、それは時間の無駄だ。だが、いくら完璧に理解しても、その結果を覚えていなければ何の

役にも立たない。頭に入っていないことを、どうしてテストや日常生活に活用できるというのか。何かを暗記するためには、時間とエネルギーがかかるのは確かだが、ともかく何か学んだら、可能な限りそれを覚えておこうと努力すべきだ。

何か発想することが難しいのも事実だが、１問あたり３分しか持ち時間がない修能試験では、どこから手を付けたらいいかわからないような問題はそう多くない。手こずるような問題でも、多少の根気さえあれば、あれこれ頭をひねっているうちにふと決定的なアイデアが浮かんで簡単に解けることが多い。しばしば数学が得意な受験生が「時間さえあればどんな問題でも解ける」と自慢するのも、そういう理由からだ。

ひとつの問題について多角的に検討することも、数学を学ぶ上でよい勉強方法だ。例えば先に挙げた〈例題１〉で、PC、QBが合同である２個の三角形の対応する辺になることを示すことで、両辺の長さが等しいことを証明できるのではないか、と考えることができるが、それ以外にも、与えられた図形に適切な補助線を引いて、PC、QBが平行四辺形の２本の対角線になることを立証することで、長さが等しいと証明できるのではないかと考えることも可能だ。また、三角形の二辺に接して描かれた三角形が正三角形であるから、この２つを適切に動かせばうまくいくかもしれない、などといった多様なアイデアを出してみるのが、数学の実力を高めるよい方法だ。

いま解いている問題と直接関係がなくても、その問題のなかに何か疑問があれば、それを自力で解こうとするのもいい。例えば、

先の〈例題6〉で等式の右辺に無限に続くことを意味する「…」の表示があるが、ここから$\log_7 2$は無理数ではないかと推測することが可能になる。このような疑問が浮かぶたびに、それが果たして正しいかどうか検証してみようと考えるのも、いい勉強になる。

　こうして**自分で疑問を持ち、自分で答えを探り出したことは、長く記憶に残る**ものだ。それだけでなく、こうした過程を通じて次第に数学が面白くなり、自信も生まれる。この「$\log_7 2$は無理数かどうか」という疑問は簡単に解決できるが、数学の力試しに一度考えてみてはどうだろうか。

　多様な角度から糸口を探そうとするのは非常によい勉強になるが、その過程で運よく絶好のアイデアが頭に浮かんだおかげで問題が解けたからといって、その問題の勉強が終わるわけではない。解き終わった後で、どうしてそんなアイデアを思い付いたのか、じっくり考え直してみよう。つまり「かくかくしかじかの状況でこんなふうに考えれば、意外に簡単に問題の本質に迫ることができる」というふうに、思考の回路を増やしておく必要があるのだ。このプロセスを忘れて、いつも問題を解くたびに前と同じ試行錯誤を繰り返し、偶然に頼るのは、あまりに非効率的なやり方だ。

　さらに言えば、先の例題を解く過程でも見たように、**問題とその問題を解くプロセスとの間の論理的な筋道を明らかにする習慣を持つことが、数学を自分の味方に付けるための最良の方法**だ。ふだんから問題を解くたび、「なぜこの問題はこうやって解くべきなのか」という疑問を投げかけ、自分なりの論理を立てて整理

しておけば、新しい問題に出会ったときも、「いったいどこから手を付けたらいいものか」という漠然とした思いが消えて、その代わり「この問題はこれこれの概念と条件を提示しており、これをもとに何を求めよと要求しているから、これはこうやって解くべきだ」という論理的な思考力が身につくはずだ。どれほど多くの問題について、こうした思考のコツを身につけたかが、数学の実力を測る尺度になるのだ。

すぐ答えを見ない

　わかりきったことだが、数学の問題を前にして、しばらく考えてもよくわからないとき、すぐに答えを見ることほど悪い態度はない。そんなことをどれだけ繰り返しても、絶対に実力は上がらない。そのため、「数学の問題集を買ったら模範解答のページは破り捨てろ」と言う人までいる。

　私が受験勉強を始めた頃は、微分とか積分という用語が数学の教科書に出てくるのか科学の教科書に出てくるのかさえ知らない状態だった。それでも何とか自力で問題を解こうと努力し、よほどのことがないと答えは見なかった。問題集の問題がそのままテストに出るわけでもないし、人が解いた答えを見たって何の役にも立たないと思ったからだ。

　答えを見ずに自力で問題を解くには、かなりの時間と根気がかかる。だが、根気といっても、フルマラソンを完走するのに比べたら、じっと座って数学の問題を解くくらいは朝飯前だ。また、

こうして食らいついてやってみたとき、ついに問題が解けたとき の喜びはひとしおだ。その喜びに惹かれて、私は大切な飴玉をポ ケットに隠した子どものように、絶対に答えを見ないようになっ た。

　だから現実的に足りないのは、根気よりも時間だ。難しい問題 に出くわすと、それに取り組む時間は２時間くらい当たり前で、 ときには半日以上もその１問にしがみついて考え続けることもあ った。ただでさえ時間がなく、勉強すべきことの多い受験生の身 分で、こんなふうに数学の問題１問に長時間かけてかじり付いて いると、かなりの負担になる。

　そこで、私が考えた対策はこうだ。難しい問題にぶつかったら、 それで貴重な自習時間を使い果たしてしまうのではなく、その問 題を暗記しておいて隙間時間に考えることにした。休み時間、昼 食時間、予備校から家に帰る時間、ベッドに入ってもなかなか寝 付けないときなど、無為に過ごしている隙間時間は意外に多いも のだ。

　特に私は予備校の行き帰りにバスに乗っている時間が長かった ので、この時間を数学の問題を解くのに有効活用した。往復２時 間近くもぼんやり座っているわけにもいかず、かといって教科書 を読もうにも気が散って集中できなかった。そんなとき、暗記し ておいた数学の問題を暗算で解いてみるのだ。私がバスのなかで 暗算で解いた問題を数えれば、優に数百問を超えるだろう。いま なお覚えている問題はたくさんあるが、なかにはこんな問題もあ った。

「半径１ｍの２本のパイプが互いに直行している。このとき重なり合った空間の最大の体積を求めよ」

　ある日の夜間自習で初めて見た問題だが、その日の夜はいくら考えても、２本のパイプが交わる様子と、そこから生まれる空間のイメージを頭に描くことができなかった。自習時間が終わって帰りのバスのなかでも考え続けたが、やはり解けなかった。翌朝、予備校に向かうバスのラッシュに揉まれながらも、この問題を夢中で考えていた。結局、最初はどんな形になるのかイメージも浮かばず、定積分まで使わなくてはならないこの問題を、私はその日の朝のバスのなかでついに暗算で解いてしまった。

　この問題も、２本のパイプが重なったときに生じる空間の形をやみくもに考えようとすると大変だが、この空間上の立体的な図形がすでにつくられているものと仮定し、だとすればここにはある特性があるはずだ、というぐあいに演繹推論を展開していけば、意外に簡単に解くことができる。ぜひ読者の皆さんも、自分でトライしてみてほしい。

　このように、なかなか解けない問題があるときには、それを丸暗記しておいて隙間時間を活用して暗算で解く習慣を身につけよう。その利点はいくつもある。第１に、どのみちまとまった勉強ができない細切れの時間を使うのだから、焦ることなくじっくりと思考の翼を広げることができる。第２に、紙と鉛筆を使わず暗算で問題を解けば、数や数式にいっそう慣れ親しむことができる。また、上の問題のような空間図形について考えれば、連想力を伸ばすこともできる。第３に、常に勉強のことで頭を満たしておけ

るので、よそ事に気を取られないようになるというオマケまでついてくる。

予習せずに聞く授業は時間の無駄

　他の科目でもそうだが、授業は必ず予習をして聞こう。特に数学は、自分でまず頭を使って問題を解かずにただぼんやり授業を聞いているだけでは、絶対に実力は身につかない。事前に問題を解いてみて、うまくできなかった問題については、先生がどうやってその問題をうまく、簡単に解くのかを見てやろうという意識で授業に臨むべきだ。

　予習をしてから授業を聞けば、先生の説明と解法もしっかり頭に入り、自分が思ってもみなかったアイデアに感心したり、自分よりずっと洗練された先生の解き方を学ぶことができたりする。そして授業を聞きながら、「自分が想像もできないことを、どうして先生は思い付くのだろうか？」という疑問を頭に持ち続けよう。

　それに予習した状態で授業を聞けば、先生の話をノートに書くことに時間を費やすこともない。重要な部分だけサラッとメモして、余った時間はその場で覚えるべきことを覚えていけば、ずっと効率的に授業時間を活用できる。先生は各科目の専門家だ。その授業を100％活用しないのはもったいない。そのためにも、**ぜひ予習して授業を聞く習慣を身につけよう。**

以上、数学の勉強法についての話が長くなってしまった。私が数学で苦労した分、言いたいことも増えたようだ。だが、ここで説明した数学の勉強のコツは、広い意味で他の科目の勉強にも当てはまるはずだ。

「我思う、故に我あり」

　これは有名なデカルト哲学の第1原理だ。考えること、イコール人間が存在すること。すなわち、これが演繹的思考の核心であることを、私は数学の勉強からぼんやりとではあれ、学ぶことができた。**数学の勉強をすることで、人生の知恵まで身につけることができる**のだ。これこそ、人間が勉強する根本的理由ではないだろうか。

勉強の第一歩は
知的好奇心から

　試験は、国史、国民倫理、政治経済、社会文化、韓国地理、世界地理、世界史の社会科学７科目と、物理、生物、地球科学、化学の自然科学４科目の計11科目、教科書の分量にして約2800ページ分の膨大な内容が出題範囲となる。量が多すぎて勉強が大変なのは確かだ。かといって、何かうまい手があるわけでもなく、**とにかく根気よく教科書を繰り返し読むことが最善の方法**だ。

　いまは大変でも、勉強して一番役に立つのがこれらの科目だ。なぜなら、この社会で暮らすのに欠かせない基本的教養を身につけることができるからだ。だから、これらの科目を学ぶときは、テストのためだと思わず、**知らなかったことをひとつずつ知っていくつもりで勉強する**必要がある。

　実際、こうした姿勢は非常に大切で本質的なものだ。勉強の一番の目的は、まさにここにあるからだ。ところが私たちは、不幸にも入試という関門を通過するという義務感から、勉強の真の目的を忘れて、テストでいい点を取ることに必死になるあまり、勉強は退屈でつまらないものだと思い込んでいる。本来、知らないことを知ることほど楽しいことはないのに。

いまからでも考え直して、テストのための勉強でなく、**知らなかったことを知るために勉強する**のだと思ってみたらどうだろう。そうすると勉強はずっと面白くなるはずだ。不思議なことに、こんなふうに**面白いから勉強するという態度で勉強したほうが、テストでもいい成績が取れる**ものだ。

　何も聞こえのよい話をしようというのではない。勉強をしようと決めた人なら、知らなかったことを知ろうとする姿勢ほど大事なことはないだろう。入学試験で洗練した問題を出す教授たちも、学生をこのような姿勢へと導こうとして問題を作っているに違いない。その分野を代表するような権威と言われる出題者が、知的好奇心のためではなく、単にテストのために問題集を何冊か解いただけで正解できるような問題を出すはずがないからだ。そもそも、「新しいことを知りたい」という好奇心ほど重要な修学能力が、他にあるだろうか。

教科書こそが王道、真理、生命

　毎年の入試の日、夜のニュースには必ず試験問題の出題委員長が登場して、こんなふうにコメントする。
　「高校の授業をしっかり聞いていれば、十分に解ける問題です」
　しかし、この言葉をただの決まり文句として聞き流す人が多い。私のような例外を除き、学校に真面目に通わない生徒などいないだろう。ならば、彼らは全員、テストでいい点数を取っているはずだ。

もちろん、現実は違う。だから多くの生徒が家庭教師をつけたり、放課後に塾に通ったりしているのだ。さらに市販の問題集を１冊でも多くやろうと、必死になったりもする。

　しかし、これは正しい勉強法なのだろうか。私はそうは思わない。こんなやり方では、テストを恐れるあまりにテストに出そうにないことまで勉強して、エネルギーを使い果たしてしまうだろう。

　すべてのテストには「出題範囲」がある。試験勉強は、この範囲内だけをやればいい。では、私たちが準備すべき出題範囲はどこだろうか。言うまでもなく、中学・高校の教科書だ。つまり、**教科書を一生懸命に勉強することが、試験勉強の最善の方法**なのだ。それなのに受験生はもちろん、先生までもが、この当たり前の事実を認めようとしない。

　教科書は分量も多くないし、扱う内容もごく基本的なものだ。だから、教科書だけ勉強してテストに臨むのは不安だ……。誰もがこのような先入観を抱き、教科書をあまく見ているようだ。しかし、ここで過去の入試問題を一度見てみよう。教科書以外の内容から出題された問題もないし、さらには例文にしても、教科書の範囲外のものはひとつもない。

　だから、教科書を一字一句、図版も含めて注意深く、じっくり読み込むべきだ。これこそが、あの膨大な数理・探究Ⅱを勉強する最善の方法だ。しばしば、応用力が重要だと言われるが、応用力も教科書を何度も繰り返し読むうちに育まれるものだ。教科書をそっちのけにして問題集ばかり解いたからといって、応用力が

生まれるものではない。

　実際、問題を解くのは毎月の模擬テストだけでも十分であり、問題に慣れるためには、暇を見て過去問を繰り返し見ておけば足りるだろう。それよりも大事なことは、試験問題を解くためのテクニックではなく、何が正しくて何が間違っているかを見極めるための判断の根拠を多く備えておくことだ。

　教科書を読むための特別な方法があるわけではない。教科書以外の本を読むときもそうだが、自分が読んでいる文章が何を言わんとしているのかを理解しながら読めばいい。そのためには、知らない言葉が出てきたら国語辞典や百科事典で調べ、科学の科目などは中学の教科書を読み返し、先生に質問しよう。このように、勉強も手間暇をかければよくできるようになるものだ。

　知らない言葉がないのに、理解できない場合もある。そんなときは、数学の難問を解くのと同じように、ひとりでじっくり考えるのが一番だ。それでもよくわからなければ、最初はそのまま読み飛ばしておく。そして、次にまた同じところを読んだら、前はわからなかったのに今度は理解できる場合もある。これこそ反復学習の醍醐味ではないだろうか。

　繰り返し読めば、本の内容はそのままでも、初めて読むときと２回目に読むときでは私たち自身が変わっている。さらにその後も、どこか変わり続けているものだ。その間に、その科目の別の部分を勉強したり、模擬テストを受けたりもするし、先生の授業を聞いたりもする。このように本を読む私たち自身が変化しているので、内容は同じでも少しずつ見え方が変わってくるのだ。

もちろん、わからなかったところもだんだん理解できるように
なり、そうするうちに実力がついてくる。「読書百遍、意自ずか
ら通ず（どんな本でも繰り返し読めば、自然とその意味がわかっ
てくる）」という古くからの教えが本当であることも実感できる
ことだろう。

エピローグ

人間には自分が望むことを可能にする力がある

　晩春の雨がしとしと降るある日のこと。大学の文学の授業で、朴在森〔1933－1997　詩人。素朴な日常生活と自然を素材とした抒情詩を多く発表した〕の詩集『涙の流れる秋の川』を読んでくるようにという課題が出された。大学の中央図書館の書架をくまなく探したが見つからなかったため、生まれて初めて教保文庫〔韓国最大の書店〕に足を運んだ。うきうきしながら訪ねた教保文庫はあまりに規模が大きく、私はいっぺんに圧倒されてしまった。故郷の大邱にも「大型」と言われる書店はいくつかあったが、教保文庫に比べたら町の雑貨屋のようなものだった。広々とした売り場には、本が山ほどあった。

　だが、その多くの本のなかにも、ついに目的の詩集は見つけることができなかった。その日は午後に1コマだけ授業があったので、遅めに学校に向かったが、雨のなかをせっかく学校まで来たのに、その授業は休講だった。そのまま帰る気にもなれず、同級生たちとパック蹴り遊び〔ソウル大学で流行していた、円陣になって牛乳パックでつくった正六面体を蹴り合う遊び〕をしていた。

　そして通りがかりの学生たちにあいさつして世間話をしているうち、ハーバーマス教授の講演が文化館の大講堂で行なわれると聞いた。行ってみると、多くの学生が講演開始時間のずっと前か

ら席を確保しようと大騒ぎしていた。

　ドイツのユルゲン・ハーバーマス教授はフランクフルト学派の代表的人物で、全世界の社会科学を率いる碩学だというが、遺憾ながら私にとっては彼の理論はおろか名前すら初耳だった。いくら有名人でも、自分が知らない人物なら関心も持たないものだ。だが、急に時間が空いて手持ち無沙汰になった私は、何の気なしにハーバーマス教授の講演が行なわれる大講堂に入った。

　社会学科の韓相震教授が司会を務めていたが、講演の前に２人の教授が並んで、にこやかに立ち話をする様子に好感が持てた。特に韓相震教授は、まるで遠足にでも行く子どものように明るく楽しそうな表情だった。おそらく、世界的な学者と直接会って言葉を交わす喜びのせいだったのではないか。

　講演が始まった。ハーバーマス教授は自ら書いてきた「民族統一と国民主権」と題する論文を１段落ずつ読み、韓相震教授がそれを翻訳した原稿を読み上げるかたちで行なわれた。私はソウル大の本試験のためにドイツ語を勉強したものの、その程度の力ではこの論文を理解することはできなかった。そこで私は、パンフレットに載っていたこの論文の翻訳を、ハーバーマス教授の言葉とは関係なく読んでいった。

　フランクフルト学派の代表格らしく、その論文は一般人の通念とは違う見解で書かれたものだった。朝鮮半島の統一については、韓国社会の一部で叫ばれるような性急な統一よりも、準備を踏んだ冷静なプロセスを経た統一を目指すべきだとの見解が語られていた。そして東西ドイツの統一と南北朝鮮の統一にはかなり大き

な違いがあり、韓国人はむやみにドイツの統一プロセスを踏襲しようとすべきではないという内容が続いた。ハーバーマス教授がこの論文を1回読み上げる間に、私はこれを2回読んだ。

　彼の言葉は聞き取れなかったにせよ、その肉声に込められた内容を自分が理解したと思うと、目の前に立っているこの偉大な精神の持ち主と気持ちが通じたような気がして、私は身震いした。

　質疑応答の時間になると、最初の質問者が壇上に上がり、その横で韓相震教授が質問内容を英語に通訳してハーバーマス教授に伝える準備をした。だが、大学院生だというこの質問者は韓国語で話した質問内容を、自分でドイツ語に訳していくのだった。質問内容もハーバーマス教授の思想に対する深い理解に基づいたものであり、さらに外国語の実力まで備えていることに、私は衝撃を受けた。次の質問者は美術学部の学生だったが、この学生は最初から最後まで英語で質問した。その後の質問者もみな英語かドイツ語でじかに意思疎通したため、通訳すると言っていた韓相震教授の出る幕がないほどだった。

　「経済学概論」の最初の講義のことが思い出される。その学期のシラバス(授業計画)が配られたのだが、これがまた驚きだった。

　すべての受講者は、趙淳・鄭雲燦（チョ・スン　チョン・ウンチャン）共著の『経済学原論』を読み、その内容を完全に理解することが（ほとんど義務として）求められる。『経済学概論』（林鍾哲（イム・ジョンチョル）、『経済学散策』（洪起玄（ホン・ギヒョン）、曹永達（チョ・ヨンダル））、『経済学入門』（李承勲（イ・スンフン））などは有用な参考

書である。……D・R・フスフェルト『経済学者の時代』……
W・A・ルイス『国際経済秩序の進展』……J・R・ヒックス
『経済の社会的構造』なども読むことを勧める。……また、す
べての学生は一般紙と経済紙の経済面を毎日読んで、常に現実
の経済問題に関心を持つことが望ましい。

　どの講義のシラバスも、ほとんどはこのように学生が読むべき
本の紹介だった。この膨大な数の本のタイトルを見て、私は思っ
た。

「大学に入る実力もないのに、何かの間違いで入ってきたんじゃ
ないだろうか」

　最初はどんなことでも、工事現場でシャベルを振るうように、
あるいは受験勉強をしていたときのように、とにかくやればでき
るという自信を持っていたが、結論として気づいたのは、そのよ
うな過程をまたやり直さない限り、すべてはただの思い出として
残るだけだという事実だった。
　この５年間の受験勉強で私が得たものがあるとすれば、人間に
は自分が望むことを可能にする力があるということだ。将来的に
私がどんな仕事をするのかはわからない。しかしはっきりしてい
るのは、これからも学ぶべきことは山のようにあり、乗り越える
べき限界も無数にあるということだ。この新しい限界を乗り越え
るために、私はまた靴ひもを結び直さなければならない。

私は再び、新たなスタートラインに立っている。

[著者]

チャン・スンス

1971年生まれ。貧しい家庭環境で大学進学を早くに放棄し、飲み屋とビリヤード場に入り浸り、喧嘩に明け暮れる高校時代を過ごした。喧嘩にも酒にもバイクにも飽き飽きした20歳のとき、勉学への情熱が熱病のように燃え上がった。父親を早くに亡くし、一家の大黒柱として働きながら、遅ればせながら大学受験を決意する。

パワーショベル助手、ゲームセンター店員、プロパンガスとおしぼりの配達員、タクシー運転手、工事現場の日雇い労働者などの職業を転々としながら、数年にわたり高麗大学政治外交学科、ソウル大学政治学科、同法学科などを受験したが、高校時代の低い内申点に足を取られてすべて失敗。それでも大学進学の夢を諦めることなく、仕事の合間を縫って独自の勉強法を編み出し、ついにソウル大学に首席合格。その体験を綴った本書『勉強が一番、簡単でした』が70万部のベストセラーとなり、一躍「受験の神」として全国に名が知られる。ソウル大学法学科を卒業後、2003年に司法試験に合格し、現在は弁護士。

[訳者]

吉川 南（よしかわ・みなみ）

翻訳家。韓国の書籍やテレビ番組の字幕など、ジャンルを問わず幅広く翻訳を手がけている。訳書に『私は私のままで生きることにした』（ワニブックス）、『あなたにそっと教える夢をかなえる公式』（サンマーク出版）、『「後回し」にしない技術』（文響社）、『勉強が面白くなる瞬間』（ダイヤモンド社）など多数。

勉強が一番、簡単でした
──読んだら誰でも勉強したくなる奇跡の物語

2023年7月25日　第1刷発行

著　者──チャン・スンス
訳　者──吉川 南
発行所──ダイヤモンド社
　　　　　〒150-8409　東京都渋谷区神宮前6-12-17
　　　　　https://www.diamond.co.jp/
　　　　　電話／03・5778・7233（編集）　03・5778・7240（販売）
装丁────西垂水敦（krran）
本文デザイン──布施育哉
イラスト──名渡山彩子
翻訳協力──竹内英人
DTP・製作進行──ダイヤモンド・グラフィック社
印刷・製本──勇進印刷
編集担当──武井康一郎

「もっと勉強しておけばよかった……」
そう思うすべての人の人生が変わる！

韓国で50万部のベストセラー。学生の98.4%が「勉強をしたくなった」と回答した中高生のバイブルとして、何度も繰り返し読まれている一冊。韓国では、子どもが寝ている間に、この本を机の上に置く社会現象が生まれた異色の勉強法

勉強が面白くなる瞬間
読んだらすぐ勉強したくなる究極の勉強法

パク・ソンヒョク[著] 吉川南[訳]

●A5判変型並製●定価（本体1500円＋税）

http://www.diamond.co.jp/